跨学科
综合学习的理论与实践

温 静 编著

广西师范大学出版社
·桂林·

图书在版编目(CIP)数据

跨学科综合学习的理论与实践／温静编著.—桂林：
广西师范大学出版社，2021.4
ISBN 978 - 7 - 5495 - 9929 - 5

Ⅰ.①跨… Ⅱ.①温… Ⅲ.①中小学－课程改革－研
究 Ⅳ.①G632.3

中国版本图书馆 CIP 数据核字(2021)第 084336 号

跨学科综合学习的理论与实践
KUAXUEKE ZONGHE XUEXI DE LILUN YU SHIJIAN

出 品 人：刘广汉
责任编辑：刘美文
封面设计：李婷婷
广西师范大学出版社出版发行

（广西桂林市五里店路 9 号　　　邮政编码：541004）
（网址：http://www.bbtpress.com）
出版人：黄轩庄
全国新华书店经销
销售热线：021 - 65200318　021 - 31260822 - 898
江苏凤凰数码印务有限公司印刷
（南京市鼓楼区中央路 165 号　邮政编码：210009）
开本：690mm×960mm　　1/16
印张：15.25　　　　　字数：246 千字
2021 年 4 月第 1 版　　2021 年 4 月第 1 次印刷
定价：48.00 元

如发现印装质量问题，影响阅读，请与出版社发行部门联系调换。

目 录

第一章 绪 论

2014 年 3 月 30 日，中华人民共和国教育部印发《关于全面深化课程改革全面落实立德树人根本任务的意见》，提出"教育部将组织研究提出各学段学生发展核心素养体系，明确学生应具备的适应终身发展和社会发展需要的必备品格和关键能力"。2016 年 9 月，中国学生发展核心素养研究成果正式发布，该成果指出，中国学生发展核心素养以培养"全面发展的人"为核心，分为文化基础、自主发展、社会参与三个方面，综合表现为人文底蕴、科学精神、学会学习、健康生活、责任担当、实践创新六大素养，具体细化为国家认同等 18 个基本要点。2016 年 3 月国务院办公厅印发的《全民科学素质行动计划纲要实施方案（2016—2020 年）》、2016 年 6 月教育部印发的《教育信息化"十三五"规划》以及 2017 年 7 月国务院印发的《新一代人工智能发展规划》等文件中均提到，将通过教学方式的变革、评价体系的更新来培养学生成为全面发展的人。2017 年 9 月，中共中央办公厅、国务院办公厅印发《关于深化教育体制机制改革的意见》，提出要注重培养学生认知能力、合作能力、创新能力、职业能力等支撑终身发展、适应时代要求的关键能力。

以上文件的颁布说明社会对人才的需求发生了改变，需要的是复合型人才，这就必然要求人才的培养模式发生改变。大学的招生和培养模式已不再是完全唯成绩论，还要人格健全，基础扎实，综合学习能力突出，除了本专业外，还拥有一定的兴趣爱好。跨学科综合学习不仅在高等教育中受到大力提倡，而且逐渐渗透到中小学的基础教育中，基于跨学科的综合学习活动对于多元学科知识的融合和复合型人才的培养具有极大的创新价值。正是因为如此，我们在中小学义务教育阶段，就更需要从小培养孩子的跨学科综合学习的能力。只有这样，学生在进入大学后，才有更多的独立自主意识，才能符合高校的这种培养模式，也才能在毕业后更适应社会。

在中小学阶段，我们需要去探索如何使学生掌握必需的文化、科学基础知识和基本技能，特别要打好语文、数学、外语的基础，如何发展学生的志趣、特长，如何培养学生具有不断追求新知识的热忱、具有自学能力和分析问题、解决问题的能力以及实事求是、独立思考、勇于创造的科学精神。

当前跨学科教育渗透到中小学的基础教育中，跨学科的综合实践活动是基础教育的出发点和亮点，在目标、领域上具有明显的跨学科特点。基于跨学科的综合实践活动对于多元学科知识的融合和复合型人才的培养具有重要的意义。

强化学生综合素质培养是新世纪学校教育的重要使命，而新课程改革是一项重要的综合性教育改革，如何通过新课程改革来促进学生综合素质发展是教育工作者们共同关注的热点话题。因此，我们提出"跨学科综合学习"来作为本研究的主要论题。

第一节　跨学科综合学习活动的相关概念界定

当前，"跨学科学习""综合性学习""交叉学科学习""STEM 项目式学习"等各种概念纷纷涌现，教育工作者对这些新理念、新提法应接不暇。那究竟什么是有价值的"跨学科学习"？跨学科学习的基本特点和判断标准是什么？下面就对这些概念进行一下梳理。

一、跨学科综合学习

（一）跨学科学习

"跨学科"的理念源远流长，可追溯至中国先秦时期和西方的古希腊时代，而作为一个研究领域被正式确立起来，时间则已是 20 世纪下半叶。跨学科研究是科学综合化发展的一个具体体现，近代和现代科学发展史表明，科学上的重大突破、新的生长点乃至新学科的产生，常常在不同的学科彼此交叉和相互渗透的过程中形成。跨学科综合研究对于推动科学进步、解决经济建设和社会发展的重大综合性问题具有重要作用。对此，科学共同体已经达成比较广泛的共识，问题在于跨学科研究该如何判断和界定。什么是跨学科研究，也即如何界定跨学科研究，由于文化背景的不同，中外学者就此问题的论述也有很大的差异。

西方学者 G. 伯杰在经济合作与发展组织（OECD）出版的《跨学科——大学的教学和科研问题》一书中认为：跨学科是两门或两门以上学科之间紧密的和明显的相互作用，包括从思想的简单交流到学术观点、方法、程序、认识、术语和各种数据的相互整合，以及在一个相当大的领域内组织的教育、研究。①

心理学家皮亚杰是"跨学科"研究的典范，他将生物学、数学、哲学、心理学、教育学等领域紧密融为一体。他从年轻时就一直致力于跨学科研究的探索。他的《跨学科关系的知识论》有力地推动了跨学科运动的发展。

美国哈佛大学"零点项目"的首席专家鲍克斯·曼斯勒认为：跨学科学习是个人和群体将两个或两个以上学科或已确立的领域中的观点和思维方式整合起来的过程，旨在促进其对一个主题的基础性和实践性理解，该理解超越单一学科的范围。②

美国跨学科问题研究学者克莱因在其著述《跨学科历史、理论和实践》中曾对跨学科的定义做过一番概述。他认为跨学科一般用以下四种方式之一来定义：（1）通过举例，指明它采用何种形式；（2）通过动机分析，阐释它为何引发；（3）通过相互作用规则，说明学科相互作用过程；（4）通过等级术语，区分被特别标明学科间整合程度。③跨学科的表现形式也多种多样。克莱因认为，跨学科的产生形式有四种：借鉴、解决问题、主题内容或方法的相辅相成和跨学科。④其中之一"跨学科"也成为形成跨学科的形式之一。这里的"跨学科"，作者认为"通常用来表示存在于紧密联系的多学科共同体间的知识"⑤。

日本学者中村信夫在《多学科综合研究——创造的源泉》一文中认为："所谓多学科综合研究并非只指不同学科间交叉领域的研究，它同时也是每一学科自身的研究方法。交叉的部分不是别人的领域而是自己的领域。""要'精通一门'就必须具备跨学科的知识，如果对本专业以外的知识一无所知，

---

①③④⑤　转引自朱桂龙、毛家杰、杨永福：《刍议跨学科研究的界定》，《科学学研究》1998 年
　　　　第 16 卷第 3 期。

②　　张华：《论理解本位跨学科学习》，《基础教育课程》2018 年第 11 期（下）。

就不可能真正理解自己的专业。"①

我国学者杜俊民先生对"跨学科"的理解是，"凡是超越一个已知学科的边界而进行的涉及两个或两个以上学科的实践活动，均可称为'跨学科'"②。他的定义与 G. 伯杰的定义有相同之处，即跨学科都涉及两个或两个以上学科的实践活动。关于跨学科的定义，我国学者还有以下几种看法。

《刍议跨学科研究的界定》一文认为："广义地看，跨学科泛指科学知识间的相互联系。由于这种联系要通过人的科学研究活动才能得以体现，所以狭义地看，跨学科又特指研究主体根据学科间的内在联系，创造开发跨学科知识产品的科学研究活动。这其中问题的存在和多学科人员的共同参与以解决这一共同感兴趣的问题是一项研究活动是否具有跨学科性的必要条件。"③并指出跨学科具有以下几方面特点，即（1）普遍联系性；（2）方向性；（3）团体性。④在作者看来，跨学科研究（学习）一定是这几门学科之间有着相互的基本的联系，其为了达到共同的目标而走在一起，而又由于涉及多门学科，这自然避免不了多方面专业的人才共同合作。

跨学科研究在两项研究领域很活跃，一是跨学科科研，二是跨学科教育基础研究。跨学科教育基础研究含跨学科原理、跨学科分类和跨学科研究方法，其中跨学科研究方法尤其值得重视，具有方法论意义。跨学科研究的进一步开展，对科学整体化趋势的发展起着重要作用。它将不断拓展甚至爆发新的研究领域，引导、促进新兴学科特别是新兴交叉学科的孕育发展。⑤

综上，几门学科的简单叠加或机械混合显然不是真正意义上的跨学科学习，那究竟什么是有价值的"跨学科学习"？杭州师范大学教育科学研究院张华教授指出："'跨学科学习'是整合两种或两种以上学科的观念、方法与思维方式以解决真实问题、产生跨学科理解的课程与教学取向。产生跨学科理解、运用学科思维、实现学科整合是'跨学科学习'的基本特点和判断

① 中村信夫著、郝勇译：《多学科综合研究——创造的源泉》，《世界研究与开发报告》1987 年第 8 期。
② 杜俊民：《论学科与跨学科的统一》，《科学技术与辩证法》2000 年第 4 期。
③④⑤ 转引自朱桂龙、毛家杰、杨永福：《刍议跨学科研究的界定》，《科学学研究》1998 年第 16 卷第 3 期。

标准。"①

（二）综合性学习

所谓"综合"，即是"将已有的关于研究对象各个部分、方面、因素和层次的认识联结起来，形成对研究对象的统一整体的认识。综合是在分析的基础上进行的，它的基本特点就是探求研究对象的各个部分、方面、因素和层次之间相互联系的方式，即结构的机理与功能，由此而形成一种新的认识。所以，综合不是关于对象各个构成要素的认识的简单相加，综合后的整体性认识具有新的关于对象的机理和功能的知识。综合的成果往往导致科学上的新发现。"

2001 年，《全日制义务教育语文课程标准（实验稿）》（以下简称《语文课程标准》）首先提出把"综合性学习"列入语文课程。正如该《语文课程标准》指出的："综合性学习主要体现为语文知识的综合运用、听说读写能力的整体发展、语文课程与其他课程的沟通、书本学习与实践活动的紧密结合。"

综上，本研究根据实际情况，将"跨学科综合学习"定义为：打破学科壁垒、超越原有的学科边界，进行涉及两门或两门以上学科知识有机整合的教学活动，即综合各年龄段学生的具体情况，并结合教育教学目标，融合各学科知识所开设的课程。为了更好地理解跨学科综合学习的内涵，需要先厘清以下几个与跨学科综合学习相关的术语，以便读者加深对跨学科综合学习的概念的理解。

二、 与跨学科综合学习相关的几个术语

（一）交叉学科学习

所谓交叉学科，张明根在《交叉学科、跨学科研究及其启示》一文中对其进行了详细的描述，他通过分析认为："交叉学科，是指在两门或多门学科交叉渗透的基础上发展起来的学科群。交叉学科在 20 世纪特别是中叶以后随着科学的系统综合化而开始大量涌现，但它的萌芽和少量发生则早在 16—19 世纪就有。"②他认为作为广义上一个属概念的称谓，"交叉学科"这个术语名

---

① 张华：《跨学科学习》，《基础教育课程》2018 年第 11 期（下）。

② 张明根：《交叉学科、跨学科研究及其启示》，《国际关系学院学报》1994 年第 1 期。

称本来并不确切，既不足以解释它所包容的综合学科和横断学科，又与下属概念狭义"交叉学科"的名称相混淆，就更可能产生歧义。因此，如果更名为"交叉性学科"，则较为贴切。

（二）研究性学习

研究性学习是国家教育部 2000 年 1 月颁布的《全日制普通高级中学课程计划（试验修订稿）》中综合实践活动板块的一项内容。它是指学生在教师指导下，从学习生活和社会生活中选择和确定研究专题，主动获取知识、应用知识、解决问题的活动。研究性学习与社会实践、社区服务、劳动技术教育共同构成"综合实践活动"，作为必修课程列入《全日制普通高级中学课程计划（试验修订稿）》中。研究性学习不同于综合课程，虽然在很多情况下，它涉及的知识是综合的，但它不是几门学科综合而成的课程。也不等同于活动课程，虽然它是学生开展自主活动，但它不是一般的活动，而是以科学研究为主的课题研究活动。它也不等同于问题课程，虽然它也以问题为载体，但不是以接受性学习、而是以研究性学习为主要学习方式的课程。

研究性学习是一种实践性较强的教育教学活动，和现有的学科教学不同，它不再局限于对学生进行纯粹的书本知识的传授，而是让学生参加实践活动，在实践中学会学习和获得各种能力。当然，这里的"实践"的含义不仅是指社会调查、搜集资料，它还包括确定选题，制订研究计划，到大学、科研机构请教专家学者，撰写研究报告等一系列的过程。研究性学习强调知识的联系和运用，研究性学习和以往的兴趣小组、奥赛训练不同，它不仅是某一学科知识的综合运用，更是各个学科知识的融会贯通，如"节水洁具的设计"就至少需要数学、物理两个学科的知识。学生通过研究性学习，不但知道如何运用学过的知识，还会很自然地在已经学过的知识之间建立一定的联系，而且，为了解决问题学生还会主动地去学习新的知识。研究性学习能充分调动学生的学习兴趣和积极性，"研究"这个词本身就具有挑战性，而学生选的课题往往是平时自己最感兴趣的，这样就能充分调动学生的学习积极性。

研究性学习是以"培养学生具有永不满足、追求卓越的态度，培养学生发现问题、提出问题、从而解决问题的能力"为基本目标；以学生从学习生活和社会生活中获得的各种课题或项目设计、作品的设计与制作等为基本的学习载体；以在提出问题和解决问题的全过程中学习到的科学研究方法、获得的丰富且多方面的体验和获得的科学文化知识为基本内容；以在教师指导下，以学生自主采用研究性学习方式开展研究为基本的教学形式的课程。

（三）STEM 教育

STEM 教育也是跨学科学习的一种，它侧重于工程技术方面的内容。早在 20 世纪 80 年代，美国就提出了 STEM 教育。它主要包括科学、技术、工程、数学四门学科。1986 年，美国国家科学研究委员会发表了《本科的科学、数学和工程教育》报告，被认为是美国 STEM 教育的开端。2017 年"美国竞争力计划"提出知识经济时代培养具有 STEM 素养的人才是具有全球竞争力的关键，并大力加强了对 STEM 教育的投入；近年来美国又出台了《STEM 2026》，对于 STEM 教育在未来十年的发展提出了新的愿景。2016 年 6 月，我国教育部颁布了《教育信息化"十三五"规划》文件，明确指出"积极探索信息技术在'众创空间'、跨学科学习（STEAM 教育）、创客教育等新的教育模式中的应用"。

（四）综合实践活动

综合实践活动是国外中小学设计和实施的一类基本课程，与跨学科综合学习既有联系又有区别。我国新一轮基础教育课程改革也设计了"综合实践活动"这一综合性、实践性课程，这个课程改革要求通过综合实践课程的实施，培养中小学生的综合能力和创新精神，增强他们的社会责任感，为适应未来社会做准备。在义务教育阶段主要包括研究性学习、社区服务、社会实践、劳动与技术教育四个部分。综合实践活动更多强调的实践性，亦即学生通过学习，走出校园，更多地参与社会实践，以便将来走向社会有更强的适应性。而跨学科综合学习则更进一步，不仅仅是培养学生的综合实践能力，也对教师提出了更高的要求，即教师要有整体把握课本知识的能力和综合分析的能力，在各类相关学科都能应付自如。

实践证明，综合实践活动课程作为基础教育课程改革的核心领域之一，它让学生在学校里有机会过自己的生活，一种课题化、反思性的生活，由此在综合实践活动课程中我们找到了解放学生个性的突破口。它让"教师即研究者"的理念获得集中体现，从而使教师的专业素养取得长足进步，由此在综合实践活动课程中我们找到了学科教师专业成长的有效途径。

第二节　跨学科综合学习的目的和意义

人类的进步都是伴随着生产力的进步。随着新一轮工业革命信息化时代人工智能的到来，社会需要的是复合型人才，而跨学科综合学习正好满足了社会对人才的需求。高等教育要面向现代化、面向世界、面向未来，就要高度重视跨学科教育和综合教育，以培养多种层次的"通才"。①而为高等教育输送人才的中小学教育，更应该未雨绸缪，用更为长远的目光，从小培养学生的跨学科综合学习的能力，以便适应高等教育和社会对人才的需求。跨学科综合学习作为一种科学活动而发挥科学功能，就是要促进相关学科的建设和专门人才的成长。跨学科综合学习能力的提高，无论从社会发展对人才的需要，从教育发展的规律，还是从师生个人成长的角度来看，都具有非凡的现实意义。

一、　符合社会发展对人才的需求

跨学科综合学习能力是运用知识和理论，在人文、科学、艺术、技术和各种实践活动领域中不断提供具有经济价值、社会价值、生态价值的新思想、新理论、新方法和新发明的能力。创新能力作为整个社会发展的重要动力之一，其重要性不言而喻。《上海市普通中小学课程方案》指出，应坚持"以学生发展为本"的教育理念，面向全体学生，全面实施以德育为核心，以创新精神和实践能力为重点的素质教育，推进拓展、探究型课程的建设，并提高其实施的质量，让学生获得更多的自主学习的空间，激发学生的创新思维能力。

但目前初中基础型课程、拓展型课程、研究型课程中创新能力开发类课程极为稀少，即便开设了相关课程，其中也存在不少问题。（1）教学目标不明确：重视知识与技能，忽视过程与方法，教学过程中缺乏信息反馈和民主气氛，灌输有余，启发不足。（2）创新能力开发策略缺乏：教师在教学中缺少激发学生创新能力、开拓学生思维的教学策略，不注重学生个体创新能力的培养，把创新课程教学等同于新事物、新技术的介绍。（3）创新教学主体模糊：教师忽视学生在课程实施过程中的主体地位，多采用教师主导的课堂教学模

---

① 张明根：《交叉学科、跨学科研究及其启示》，《国际关系学院学报》1994 年第 1 期。

式。这些做法均不利于真正提高学生的创新能力。因此，需要学校开发符合本校学生实际的创新型校本课程。

二、 符合教育发展的规律

《国家中长期教育改革和发展规划纲要（2010—2020 年）》指出："把育人为本作为教育工作的根本要求。人力资源是我国经济社会发展的第一资源，教育是开发人力资源的主要途径。要以学生为主体，以教师为主导，充分发挥学生的主动性，把促进学生健康成长作为学校一切工作的出发点和落脚点。关心每个学生，促进每个学生主动地、生动活泼地发展，尊重教育规律和学生身心发展规律，为每个学生提供适合的教育。努力培养造就数以亿计的高素质劳动者、数以千万计的专门人才和一大批拔尖创新人才。"

三、 符合师生自身发展的需要

（一）符合教师突破教学瓶颈、 自我成长的需要

课程改革的不断推进与深入，对教师的知识水平、教学技能和理念提出了新的更高、更深层次的要求，大部分教师的知识能力已经不能满足不断发展和变化的教学现实需求。面对新课程"综合性""开放性""整合性"的理念，让教师跳出自身专业单一性的局限，在知识能力层面通过跨学科研修的机制保障，发挥对教师的专业成长的作用。

单枪匹马搞出大发明的现象已经成为历史，今后所必须的应是多人共同从事研发学习，不同学科的人合作研究将成为历史主流。创造性的多学科综合学习，首先是教师在对课程通盘考虑的前提下，为了达到课程的目的，所采取的一种手段。

在新时代要求与教育改革的背景下，许多专家学者指出了未来中小学教学的跨学科教学趋势，教师作为课程的实施者，已从改革的观望者变为改革的主体。教师专业创新发展，就要打破学科界限，注重本学科与其他学科的联系，重视本学科知识解决其他问题的能力培养，跨学科教学俨然成为现行教师迅速成长的关键。

综上所述，顺应时代要求的跨学科课程已提出并实施，从理论要求、实践要求，学生的发展、学校的发展、国家的发展，都已说明把握好教师教学的"度"、正确定位教师角色已显得极为紧迫。

（二）符合中学生的心理特点、自我拓展的需要

初中期的学生独立思考能力和抽象逻辑思维得到了迅速地提高；自我意识发展，开始关心自己并对自己的活动与行为进行评价；渴求独立、自尊心很强。高中生的感知和观察更富有目的性、系统性、全面性和深刻性；由于知识的扩大和加深，兴趣广泛而又有中心，辩证逻辑思维和独立分析问题、独立解决问题的能力都进一步加强了；其思维的独立性和批判性也发生了质的变化，他们对各种问题常有自己的见解，对教师的教学也进行评价；情感体验已转向深刻；能够有目的、有计划地克服困难去完成各项任务，具有不怕苦、不畏难的坚强毅力。

在跨学科综合学习中，教师根据学生的心理特点，尊重学生的意见，激活学生内在的学习动力，激发学生兴趣，点燃学生追求知识的"火把"，把握好师生关系，引导学生自主学习、自主探究。这是中学生心理智能发展的必经阶段，因此，遵循中学生心理发展的规律和特点，有助于其心理的健康发展、学生个性的健康发展、学力的稳步发展。

四、符合学校发展的要求

在课程改革不断深入的背景下，学校也正积极地尝试着进行教学改革，遵循"以学生发展为本"的课程理念，根据学校的传统和师生的特长，充分尊重学生的差异与多样性，以课程建设为抓手，以国家课程校本化实施为目的，充分激发和保护学生的学习热情，努力营造快乐学习的氛围；立足教师的专业背景，积极开展跨学科的校本研修，充分挖掘各学科教学的探究拓展内容，整合课程的有效资源，凸显课程特色，逐步建设符合学生个性发展的、符合教师个人成长的、满足学校内涵发展需要的课程教学。

第三节　跨学科综合学习理论研究概述

关于跨学科一词，首先是用在科学研究上。早在 20 世纪中叶，跨学科研究在美国等发达国家既已进入兴起阶段。1980 年跨学科研究国际联合会（International Association for Study of Interdisciplinary Research，简称 INTERSTUDY）的成立标志着跨学科研究已进入国际化轨道。

有关跨学科研究发展的情况，在《跨学科研究发展状况评估体系初探》一文中，作者指出跨学科研究虽然当今各国都十分重视，但我国跨学科研究

还是受到主观、客观因素的影响。

对跨学科研究的理解国际上还没有形成一种广泛认同的定义。跨学科研究是一种有别于单学科研究的研究活动方式，具有独特的研究特征。跨学科研究不是一门学科在另一门学科中的简单应用，而是当这门学科在寻求自身突破和发展时需要和其他学科相互融合以寻找突破点、新的生长点。①

虽然，这里的跨学科研究与本书所指的"跨学科综合学习"在概念和外延上有出入，但有一点是一样的，即所谓的"跨学科综合学习"不是"一门学科在另一门学科中的简单应用"，而是通过教师事先对整个学习过程所用到的知识点进行归纳总结后，以一门学科为主、其他学科为辅的教学方式进行教学。如六年级的第一学期人教版语文（上）鲁迅的一篇文章《从百草园到三味书屋》，这门课程老师在教学的时候，除了讲授语文知识以外，还带领学生学习了有关植物学的知识、动物学的知识，并动手实践。这样，课前，教师要做足充分的准备，必须了解书中出现的何首乌、车前子等植物，并展示给同学看。学生在学习这门课前，也要根据教师的指导，进行大量的课前预习，了解书中提到的这些动物和植物，并动手制作"捕鸟器"等。这样一门课的知识，学生学到的不仅仅是几个字词句了，而是学到了很多相关的知识。

关于跨学科研究的作用，在《跨学科研究发展状况评估体系初探》中，作者指出：跨学科研究使人们树立新的科学观念，活跃人们的研究思维；跨学科研究开拓了科学的前沿领域，促进了学科的发展；跨学科研究有助于研究和解决科学技术发展中的重大问题；跨学科研究有助于解决社会发展中的重大问题，有力地推动国民经济建设的发展。②

第四节 跨学科综合学习拟解决的问题

在跨学科综合学习中也面临着一些困难，即需要保证教师教授的内容不是多学科互不联系的观点并列，而应该是真正的"跨学科"的综合，这对教师提出了很高的要求。"注重学思结合。倡导启发式、探究式、讨论式、参与式教学，帮助学生学会学习"（《国家中长期教育改革和发展规划纲要（2010—2020 年）》）。

---

① ② 孙萍、朱桂龙、赵荣举：《跨学科研究发展状况评估体系初探》，《中国科技论坛》2001 年 1 月。

一、 以跨学科教研组建设为抓手，进行课程开发

教育理念不分学科、教学方法没有界限，课程的综合化趋势特别需要教师之间的合作。学校旨在通过课题研究，以跨学科教研的方式，组成新型教学研究组，形成新型合作关系，在跨学科教研活动中，各学科教师不再是泾渭分明，而是相互融合，在对话和交流中提高发现问题、分析问题、解决问题的能力。

二、 跨学科课程的开发和实施，帮助学生在"真实世界"与"学科世界"之间穿梭

现在的教学都过于强调课本本体知识的教学，我们希望通过跨学科课程的开发，帮助学生将学科知识运用到现实生活的问题解决中来，培养学生跨学科综合素养和实践能力。

三、 在跨学科课程开发和实施过程中提升课程领导力

我们设想通过此项目研究，帮助教师从墨守成规的知识传授者角色，转变成课程设计者的角色，在校本化研拓课程中围绕各学科的特点，以跨学科研修方式，确保教师个人的可持续发展，教师由被动向主动转化，形成一定的课程开发意识，带来更大的个人成就，促进学校探索课程改革与实践行动，从而指向课程领导力的提升。

教育要"以人为本"，这里的人，是全面的、立体的、完整的人，不是割裂开来的、片面的人，亦即不是仅从知识的、学科的角度来看待人，把学生视为积累分数的记分器，还要培养学生的实践探索能力。这需要我们从根本上转变理念，即真正从"一切为了学生、为了一切学生"的理念出发，全面促成学生和教师的成长与进步。

第五节 跨学科综合学习研究的内容与方法

一、 研究内容

通过文献研究和 SWOT 分析，充分了解跨学科综合学习的相关概念；了解国内外已实施研究过的经验方法及上海市开设跨学科综合学习课程的基本情况，为本课题的研究提供依据。

二、 研究方法

（一）跨学科教研组建设

跨学科综合学习意味着打破学科局限，建立更加灵活、更加开放的动态教研机制。成立跨学科教研共同体、建立跨学科教研制度、开展跨学科教研

活动、开发多视角的教学设计、实现多渠道的教学资源共享，进一步强化教师综合素养的育人能力，促进学生更加积极、主动、全面地发展，促进学校探索课程改革与实践行动。

（二）跨学科综合课程的开发

科学规划学程，丰富跨学科特色课程体系，尊重学生兴趣，开发具有跨学科教育特色的人文历史类、绿色生态类、艺术创新类、科技创新类的校本化研拓课程，编制学校跨学科教育融合的课程体系方案。

（三）跨学科生态课程的实施

跨学科教师团队支撑课程体系实施，教师是课程最直接的实施者，通过课堂教学、动手制作、社会调查、课后反思等主题系列实践活动，着重学科间与学校活动之间的统整，在专家引领下形成跨学科教育学本和跨学科教育案例，提炼和形成跨学科课程开发和实施的基本路径，探索普惠性的跨学科教育之路。

（四）课程领导力的提升

在跨学科研修中，以课程整体构建研究、操作指南研究、每门课程的构成研究、每门课程的文本撰写研究为研修主题，加强教师培训，在生态课程中强调综合性、学生的体验感和实践性，突出教学方法和学法指导，提升教师专业发展和指导学生的能力，培养骨干教师，拓宽教师专业发展道路，提升学校领导力的提升。

第六节　跨学科综合学习研究的历程

笔者在担任上海市江湾初级中学、上海市曲阳第二中学、上海市霍山学校校长期间，主编有《执着梦想　不懈追求——"让阳光教育成就学生的阳光人生"的教育实践》、参与编写《构建培育智师慧生的课程——初中"智慧型校本课程"的开发与实践研究》《活化的精细，灵动的智慧》《构建培育智师慧生的课程》《教学改进与提高课堂教学效益——区域推进初中教学的实践研究》等书，并连续三届被评为虹口区跨学科带头人，进行了多年的跨学科综合学习的探索实践。

一、成功申报虹口区课题"基于绿色生态理念的'阳光课程'体系建构"

笔者在担任上海市江湾初级中学管理工作时，在接到《关于开展虹口区初中绿色生态教育项目试点学校申报工作的通知》后，我校联系教育发展的大趋势和市区教委的工作要求，积极响应"绿色生态学校"的创建活动。遵循"以学生发展为本"的课程理念，根据生情、师情、校情，充分尊重学生的差异与多样性，以国家课程校本化实施为目的，充分挖掘各学科教学的探究内容、拓展知识，有效整合探究型课程、拓展型课程的教学，逐步开发实施以"挖潜能、提兴趣、学方法、促思维"为核心理念，满足学校内涵发展需要的智慧型校本课程。作为该项目的负责人，我们根据学校的实际情况，积极组建教师团队，成立开发领导小组和专家指导团队，设计调查问题，在对学生和教师的调查基础上，设计开发了一批智慧型课程，如"植物识别及植物叶贴画的制作""孔子'智'在何方？"等，具体下文详述。

二、 成功申报课题"基于核心素养的初中科技创新校本课程的开发与实践"

作为"基于核心素养的初中科技创新校本课程的开发与实践"项目的负责人，组建团队，建设校本课程资源库，设计了校本教材《创新思维与头脑风暴》。

三、 研究型课程中教师角色定位的研究

2000 年 9 月起，上海市所有普通高中开设了一门全新的研究型课程，2002 年秋季全市已有 100 所初级中学和 50 所小学实施了探究型课程，开展研究性学习。研究（探究）型课程已成为实施素质教育的一个有力载体，成为基础教育领域内一个新的研究热点。

笔者有幸参与了有关研究型课程中有关教师角色定位的研究，参与编写《高中综合实践活动教师指导用书》《初中综合实践活动教师指导用书》等，撰写《通过国家课程校本化实施提升初中校长课程领导力的研究》等文章，论述教师在研究型课程中如何定位的问题。

第二章　跨学科综合学习研究的理论依据

第一节　理论基础

一、跨学科综合学习研究的兴起

早在 20 世纪中叶，跨学科研究在美国等发达国家便已进入兴起阶段，1980 年跨学科研究国际联合会的成立标志着跨学科研究已进入国际化轨道。跨学科的提出主要是因为有些科学问题和社会问题，往往都具有多要素、多层次、多学科的复杂性，需要依靠自然科学、技术科学、社会科学、人文科学等相关学科研究人员从不同角度、不同专业、不同立场，协同攻关，才能得出全面、综合的科学结论。而跨学科人才的培养离不开跨学科教育，在教育内容和方法上采用通识教育和专业教育相结合的方法。

我国的跨学科研究主要集中在 20 世纪 90 年代。与其他国家跨学科研究的出发点相同，我国现代科学形态的跨学科研究活动是在中外文化激烈碰撞的过程中萌芽的，也是在当代科学技术革新的推动下及我国科学技术发展和整个社会主义现代化建设的进程中发展起来的。王兴成在《跨学科研究在中国：历程和启示》一文中将我国跨学科研究分为以下四个阶段：（1）孕育阶段（20 世纪 20—40 年代）；（2）起步阶段（20 世纪 50—60 年代）；（3）发展阶段（20 世纪 70—80 年代）；（4）提高阶段（20 世纪 80—90 年代）[1]。这时候的跨学科研究，大多属于应用研究和开发工作，讨论的都是与国计民生相关的课

---

① 王兴成：《跨学科研究在中国：历程和启示》，《科学学研究》1995 年第 13 卷第 2 期。

题研究，还没有涉及中小学的教育发展。

高春梅《论跨学科研究的时代特征与现实趋向》一文从跨学科每个时代所具有的特征和现实需要出发，论证了"跨学科研究是现代科学发展的整体化趋势的必然产物。跨学科研究的理论与方法，不仅对科学的发展具有重大意义，而且对经济和社会发展，特别是对人与社会、人与自然的和谐统一，也具有重要的调适功能和促进作用"。①

张锡忠《论跨学科综合研究及其管理》一文则从跨学科综合研究是科学技术综合发展趋势的需要，现代科学要求进行跨学科综合研究，科技工作任务之一是组织跨学科综合研究，以及跨学科综合研究组织必须实行集中管理，适应科学发展和科学体系的特点与规律性要求这四个方面对跨学科综合研究的意义进行了论述。文章还分析了目前跨学科综合学习的现状：当前高校的科研机构，学科隔离情况比较普遍，跨学科综合研究机构很少，对现代复杂多变的课题任务适应性很差，缺乏必要的综合，影响科研工作效率。为了发挥科研投资效果，科研选题应以有重大国民经济意义的综合性课题为基础，建立与之相适应的跨学科综合研究机构。②

随着课程改革的发展，跨学科综合研究课程被提上了日程。

二、 跨学科学习的深入发展

综上所述，不管国内还是国外，对跨学科学习（或研究）主要针对的是高等教育或科研，并不涉及中小学的跨学科教育。随着高等教育弊端的日益显现及社会发展对综合性人才的需求，中小学跨学科综合学习也日渐提上日程。随着跨学科研究的深入，20 世纪 60 年代以来，美国跨学科活动水平不断提高，创建跨学科课程的运动盛行于美国教育的各个阶段。尤其进入 20 世纪90 年代，这场运动规模越来越大，跨学科课程已经成了美国学校改革的代名词。"在准备学校结构重组的单位中，有 3/4 正在进行跨学科课程的组建。"③世界上其他国家对跨学科课程的组建有的超出了美国本土，如英国哥伦比亚

---

① 高春梅：《论跨学科研究的时代特征与现实趋向》，《山西师大学报（社会科学版）》1996 年第 23 卷第 4 期。
② 张锡忠：《论跨学科综合研究及其管理》，《管理百业》1997 年第 17 卷第 4 期。
③ 转引自张海燕《美国中小学跨学科课程研究》，华东师范大学博士学位论文，2005 年。

大学把"课程整合"放在了课程改革的核心位置。①面对世界课程改革的大趋势，我国新一轮课程改革也确定了课程改革的新趋势。

第二节 政策基础

一、 国家政策

《国家中长期教育改革和发展规划纲要（2010—2020 年）》指出："把改革创新作为教育发展的强大动力。教育要发展，根本靠改革。要以体制机制改革为重点，鼓励地方和学校大胆探索和试验，加快重要领域和关键环节改革步伐"，"改革教学内容、方法、手段，建设现代学校制度"，"完善中国特色社会主义现代教育体系"。

"战略主题。坚持以人为本、全面实施素质教育是教育改革发展的战略主题，是贯彻党的教育方针的时代要求，其核心是解决好培养什么人、怎样培养人的重大问题，重点是面向全体学生、促进学生全面发展，着力提高学生服务国家服务人民的社会责任感、勇于探索的创新精神和善于解决问题的实践能力。"

教育的终极目标就是为了追求幸福，教育的人文价值也正在于帮助每个人获得幸福体验、提升生命价值。

教育部于 2001 年 6 月正式颁布了《基础教育课程改革纲要（试行）》。在这部《纲要》中，提出了大力推进基础教育课程改革，调整和改革基础教育的课程体系、结构、内容，构建符合素质教育要求的新的基础教育课程体系；并明确提出了我国新课程的培养目标和基础教育课程改革的具体目标。在课程改革六大具体目标中，有两处明确指出："改变课程过于注重知识传授的倾向，强调形成积极主动的学习态度，使获得基础知识与基本技能的过程同时成为学会学习和形成正确价值观的过程"，"改变课程实施过于强调接受学习、死记硬背、机械训练的现状，倡导学生主动参与、乐于探究、勤于动手，培养学生搜集和处理信息的能力、获取新知识的能力、分析和解决问题的能力以及交流与合作的能力"。②

2014 年 12 月，教育部发布《关于加强和改进普通高中学生综合素质评价

---

① 刘仲林著：《跨学科教育论》，河南教育出版社，1991 年，第 379 页。
② 国务院关于基础教育改革与发展的决定，中国教育报，2001 年 7 月 27 日第 2 版。

的意见》（以下简称《意见》），规定对思想品德评价的重点是学生参与党团活动、有关社团活动、公益劳动、志愿服务等的次数、持续时间。该《意见》的出台有利于促进学校把握学生成长规律，切实转变人才培养模式；有利于促进评价方式改革，转变以考试成绩为唯一标准评价学生的做法。综合素质评价对全面实施素质教育、深入推进基础教育课程变革、改进学校教育教学质量、促进学生全面成长与发展具有重要意义。教育部更在《国家中长期教育改革和发展规划纲要（2010—2020年）》中要求，树立人人成才观念，建立科学、多样的评价标准，"探索促进学生发展的多种评价方式，激励学生乐观向上，自主自立，努力成才"。而跨学科综合学习无疑是培养学生综合素养的一个重要途径。

2014年3月，教育部正式印发《关于全面深化课程改革　落实立德树人根本任务的意见》（以下简称《意见》），该《意见》强调跨学科学习，重视学生的核心素养体系的发展。《意见》明确提出："研究制订学生发展核心素养体系和学业质量标准。要根据学生的成长规律和社会对人才的需求，把对学生德智体美全面发展总体要求和社会主义核心价值观的有关内容具体化、细化，深入回答'培养什么人、怎样培养人'的问题。教育部将组织研究提出各学段学生发展核心素养体系，明确学生应具备的适应终身发展和社会发展需要的必备品格和关键能力，突出强调个人修养、社会关爱、家国情怀，更加注重自主发展、合作参与、创新实践。研究制订中小学各学科学业质量标准和高等学校相关学科专业类教学质量国家标准，根据核心素养体系，明确学生完成不同学段、不同年级、不同学科学习内容后应该达到的程度要求，指导教师准确把握教学的深度和广度，使考试评价更加准确反映人才培养要求。各级各类学校要从实际情况和学生特点出发，把核心素养和学业质量要求落实到各学科教学中。"

《国家中长期教育改革和发展规划纲要（2010—2020年）》指出："全面提高普通高中学生综合素质。深入推进课程改革，全面落实课程方案，保证学生全面完成国家规定的文理等各门课程的学习。创造条件开设丰富多彩的选修课，为学生提供更多选择，促进学生全面而有个性的发展。逐步消除大班额现象。积极开展研究性学习、社区服务和社会实践。"

2018年，教育部党组书记、部长陈宝生在全国教育工作会议上的讲话中提出："培养适应未来教育变革的新型教师""教育现代化步伐加速。坚定不移贯彻新发展理念，转变教育发展方式，教育总体发展水平跃居世界中上行列。""建立健全大中小学师德体系,引导广大教师争做'四有好老师',当好学生'四个引路人'。"

新一轮的教育改革也对老师提出了更高的要求。《中共中央、国务院关于全面深化新时代教师队伍建设改革的意见》指出:"面对新方位、新征程、新使命,教师队伍建设还不能完全适应。有的地方对教育和教师工作重视不够,在教育事业发展中重硬件轻软件、重外延轻内涵的现象还比较突出","有的教师素质能力难以适应新时代人才培养需要,思想政治素质和师德水平需要提升,专业化水平需要提高","到 2035 年,教师综合素质、专业化水平和创新能力大幅提升","教师主动适应信息化、人工智能等新技术变革,积极有效开展教育教学"。为了将来能面对瞬息万变的时代,教师必须改变已有的教学方法和措施,努力提高自身的综合素质,适应新时代的需要。

二、 上海市政策

《上海市中长期教育改革和发展规划纲要(2010—2020 年)》指出:"未来上海教育改革和发展,要以育人为本,把'为了每一个学生的终身发展'作为核心理念","为了每一个学生的终身发展,就是要求未来上海的教育,着眼于学生长远发展和社会文明进步的需要,全面实施素质教育,使所有学生的个性特长得到发展,潜能得到激发,创新意识、创新精神和实践能力显著增强,终身学习意识和能力显著增强,为学生的终身发展奠定良好基础,为经济社会发展培养大量高素质劳动者和大批高水平优秀人才。"在这十年里,"上海教育担负着光荣而崇高的历史使命。上海教育要顺应时代发展的要求,以改革创新为动力,在新的历史起点上更好地实现科学发展,践行'为了每一个学生的终身发展'的核心理念,增强主动适应和服务经济社会发展的能力,为支撑经济转型、推动自主创新、引领文化发展、促进社会和谐作出更大的贡献,率先实现教育现代化,创造上海教育新辉煌。"

"创新人才培养新模式试验。转变应试教育倾向,创新人才培养模式。建立中小学生'减负'有效机制,深化各级各类学校课程教材和教学模式改革,凸显各学科育人功能,培养学生创新意识、创新思维、创新能力,促进创新人才成长。"

"改革招生考试制度试验。改革招生考试制度,推进素质教育,健全现代教育管理体制。建立体现素质教育要求的学生综合评价机制,完善高中学业水平考试制度，形成多样化、可选择的高等教育和职业教育招生考试新制度。"

《上海市基础教育改革和发展"十三五"规划》指出："积极落实立德树人，全面提升学生综合素养"，"提升学生艺术水平和科学素养"，"实施文教结合，推进社会艺术场馆、专业院团与学校艺术教育的有效结合，拓展艺术教育新途径。"

第三节　中考综合改革的要求

《国家中长期教育改革和发展规划纲要（2010—2020年）》指出："普通高等学校本科招生以统一入学考试为基本方式，结合学业水平考试和综合素质评价，择优录取。"高考政策的改革，改变了以往的招生模式，更注重学生的综合学习的能力。

《上海市进一步推进高中阶段学校考试招生制度改革实施意见》指出，注重学生全面发展，进一步破除唯分数论，以考试招生引导能力培养，推动义务教育优质均衡发展。建立初中学生综合素质评价制度，成为新中考的亮点之一，从品德发展与公民素养、修习课程与学业成绩、身心健康与艺术素养、创新精神与实践能力四方面对学生进行记录评价。针对目前上海市学生学习现状及霍山学校的实际情况，为了提高学生的跨学科综合学习能力，我们学校在课程构建中做了一点探索实践，在学生获得知识技能和动手实践能力、习得明辨思维能力的同时，注重培养学生的探究精神。上海市的部分学校进一步丰富课程体系，以综合素质评价为契机，建设跨学科综合学习课程。

上海市教委相关负责人说："要把应试的课程观转变成育人的课程观。"遵循学生教育规律、成长规律，坚持育人原则，是此轮中考改革的主要思路。"跨学科案例分析"会考查学生能否把物理、化学、生物、地理等所学知识综合应用起来，要求学生有足够广泛的知识面，目前主要是以生命科学和地理为主。初中阶段的性质是打基础，初中学得越广、知识面越宽、基础越牢固，到高中、大学才能把高楼盖得更高。

跨学科案例分析难在哪里？目前上海初中生受限于对单一学科概念的学习质量，也受限于逻辑推理等认知操作的不足，缺乏有效地将各学科知识联系起来，运用所学知识解决一些综合性问题的能力。以往，生命科学和地理学科在中考中，只需要通过会考，是合格即可的"副科"，往往会被学生所忽视。七年级地理会考结束，基本上不会再去翻看地理书，所学知识几乎也不会再使用。2018年教育部规定，生命科学和地理学科作为跨学科案例分析从2021年计入中考总分，这无疑对教师和学生提出了更高的要求。

一、"以学生发展为本"的素质教育理论

教育部在《基础教育课程改革纲要（试行）》（简称《纲要》）中提出，新课程的培养目标应体现时代要求。要使学生具有初步的创新精神、实践能力、科学和人文素养以及环境意识；具有适应终身学习的基础知识、基本技能和方法；具有健壮的体魄和良好的心理素质，养成健康的审美情趣和生活方式。《加大基础教育课程改革力度　扎实做好课程改革实验工作》中指出，在培训方式上，要倡导培训者与教师的平等交流、对话，了解他们的疑惑和困难，引导教师结合自己的教学实际，深入地讨论，使他们能全身心地参与到培训中来。

跨学科综合课程旨在改变学生的学习方式、教师的教学观念和教学方法，使创新精神和实践能力的发展有一个切实可行的切入口和落脚点。它倡导学生积极主动地去探究，追求知识的理解和共享、学力的形成和提高、情感的体验和共鸣，而这些正是素质教育"以学生发展为本"所赋予的思想。

二、现代教学理论

现代教学理论认为，知识不全是通过教师传授得到的，而是由学习者在一定的社会背景下借助其他人（教师和学习伙伴）的帮助，利用必要的学习资源，通过意义建构的方式获得的。

建构主义学习理论认为，学习不是一个被动吸收、反复练习和强化记忆的过程，而是一个以学生已有知识和经验为基础，通过个体与环境的相互作用（同化和顺应）主动建构意义的过程。每个学习者都不应该等待知识的传递，而应基于自己与世界相互作用的独特经验去建构自己的知识，并赋予经验以意义，即人的认知不是被动的，而是通过自己的经验主动建构的。这一旨在使学生形成对知识的深刻理解，提高学生的思维能力和探究发现能力的教学目标是建构教学的核心目标。传统教学认为，只有教师讲了学生才能会，才能解决有关问题，建构主义则倒过来设计教学：从学生已有的知识和经验出发，围绕学习主题创设问题情境，让学生"在问题解决中学习"。在这个过

程中，教师可视学生需要，提供一定的支持和指导，使认知与情感、指导与非指导等因素自然地达到协调与平衡。因此，在研究型课程开展模式中，教师如何创设好的问题情境，用不同的方式组织学生参与教学活动，以及如何将教学活动引向深入是一项十分重要的任务。

三、 多样性原则

在教学实践中，对不同的学科、同一学科中的不同内容、不同的对象往往采用不同的教学方法和程序，从而形成不同的"模式"。跨学科综合课程教学也不例外。与此同时，我们还应注意到，随着信息技术的迅猛发展，教育媒体及其技术也在不断发展进步，这一切都深刻地影响到如何教和学。因此在构建跨学科综合课程开展模式及进行教学设计时，要实事求是，一切从教学实际出发，从学校及本区已有的条件出发，努力探索构建适合教学实际的有利于培养学生创造性素质的新教学模式。

四、 因材施教

我们应该看到同一年龄阶段的学生发展水平是有差异的。有差异就需要有不同的研究型课程开展模式。学生是一张白纸的，要一种开展模式；学生有些基础的，又得思索另一种开展模式；学生有丰厚内容的，更要探求适当的开展模式。研究型课程教学不仅要认识这一年龄段学生发展的共同特征，而且应充分重视各层次学生的个体差异，做到因材施教，有的放矢，能够发挥每个人的潜力和积极因素，弥补个人的短处和不足，"长善救失"，选择最有效的经验系课程开展模式，使各种层次的学生都能各得其所地获得最大限度的发展。教师也正是在这种寻寻觅觅中实践着因材施教的理想，显现出个性化教育的快乐。因此，因材施教理论通过高中研究型课程各校不同的开展模式可以得到更好的体现与贯彻。

第三章　跨学科综合学习的课程构建

在理论基础和政策基础都具备的条件下，在跨学科综合学习的过程中，我们首先需要了解跨学科课程的内在条件和外在环境，即软件和硬件是否同时具备。内在条件即是否具有一批高素质的教师团队，如组成人员的特点、领导者、相应的技能、项目组织和小组内部交流等。外部环境则主要包括该项研究所需时间、经费、设施和人员等。只有在内外部环境都具备的前提下，跨学科综合学习才能得以顺利进行。在设计课程和实践活动时，教师首先挑选出最能体现跨学科综合学习的内容作为目标，并根据这个目标确定所跨学科的门类、课时数及所需要的其他实践。

随着上海市新一轮中考改革方案落地，增加了"跨学科案例分析"，这就更要求我们在教学中逐步实施跨学科综合学习的教育，培养学生跨学科综合学习的能力。其实，上海市很早就提出了跨学科综合学习的概念，各个中小学也都开展了跨学科综合学习课题组。笔者在上海市江湾初级中学、上海市曲阳第二中学及上海市霍山学校任校长期间，一直致力于跨学科综合学习的理论研究和实践探索，如在江湾初级中学实行跨学科综合学习时，领导开发了"智慧型校本"23个，在曲阳第二中学开发的"创新能力课程"资源库、"阳光课程体系建设"，以及在霍山学校开展的"绿色生态教育"项目，搭建"新五指"课程建构等。

第一节　跨学科综合学习的组织建设

一、 学校的组织管理

在探索和实践跨学科综合学习活动中，离不开管理单位的顶层设计，离不开学校的有效组织管理。在开发课程和活动之初，我们首先确定了课程和活动的开发领导管理小组，以保障学校课程的开发与实施。该领导管理小组由校长领头，下设教导处、学校其他相关部门及科研室（或年级组）（见下图）。

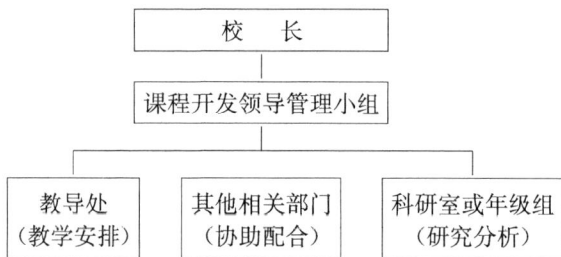

```
                    ┌──────────────────┐
                    │   校　　长        │
                    └──────────────────┘
                    ┌──────────────────┐
                    │ 课程开发领导管理小组 │
                    └──────────────────┘
        ┌────────────────┼────────────────┐
  ┌───────────┐   ┌───────────┐   ┌────────────┐
  │  教导处    │   │ 其他相关部门 │   │ 科研室或年级组 │
  │（教学安排） │   │（协助配合） │   │（研究分析） │
  └───────────┘   └───────────┘   └────────────┘
```

校长是整个学校课程与活动的决定者和责任人，负责整合校内外的各种资源，协调项目中的各种关系，规划学校的发展目标，制定各种课程的管理制度，监督和评估课程实施的过程。

课程开发领导管理小组由校长挂帅，整合并充分发挥学校教导处（教学安排）、科研室（研究分析）、其他相关部门（协助配合）的团队，从师资投入、经费投入等方面对跨学科综合学习活动的开发予以支持，形成教学、科研、培训为一体的课程活动开发机制。针对学校不同的情况，从硬件、软件上，对图书馆、实验室设备和电脑房进行规划改造，添置相关书籍、实验设施，为师生开展跨学科综合学习课程提供物质保障。为了营造良好的探究氛围，学校利用一切机会，宣传跨学科综合学习课程开设的现实和长远价值，激发教师的教学热情和学生的探究意识，并将教师的跨学科综合学习课程开发情况及时展示在校园橱窗以及校园网上。

教导处承担学校课程管理的常规工作，包括课程实施与开发的组织、安排、指导、协调等。科研室或年级组负责课题的开发及实施，根据学校的整体安排，制订计划，在课程开发过程中，对教师进行理论指导和培训，并根据一线教师反映的教学情况，对课程的设计进行修改以促进课程合力的形成。

二、 师资建设

一个好的团队对项目的实施起到至关重要的作用。我们在设计课程和项目活动过程中，非常注重团队建设。除了由校长领导的组织管理团队外，学校同时还聘请了由市区相关的学者、专家组成的校本课程专家开发指导团队，负责校本课程开发实施的指导、决策、审核与咨询。团队的工作贯穿学校校本课程行动的每一个环节。

江湾初级中学在建设开发智慧型课程的时候，学校设立"智慧论坛"，借"外脑"，邀请相关专家进行理论指导，帮助教师掌握智慧型校本课程开发的基本理论；并与教师一起研讨如何改进教学方式，以最适合的课程教学方式方法来教授学生。站在前人的肩膀上，对课程改革进行再研究、再实践，教师在学校论坛发表自己对课程开发设计的见解。经过专家的课程设计开发指导，我校教师对课程设计的认知更上一层楼。

学校重要的财富是教师。在跨学科综合学习活动中，如果说课程开发领导管理小组是灵魂，专家团队是军师，那么教师队伍则是整个项目的核心力量。教师参与到行动研究中，从而摆脱了研究成果的操作者或行政指令的执行者的角色。我们在开展跨学科综合学习活动中，把各学科（语文、数学、英语、科学、美术等）骨干教师组成一支团队，强调语文老师和美术老师的加入，会让团队更加完善。不同学科教师的加入，除了体现跨学科外，更能在项目式开发过程中体现团体的合作协作能力。"一个人走得快，一个团队走得远"，有这么一支跨学科综合学习开发团队，为以后跨学科式综合学习开发打下坚实的基础。在校内，课程研发小组形成定期学习交流的教研制度，保证了课程开发和实施过程中的及时反思和调整，探索科技创新课程的教学方式，教师也在此过程中提升了课程开发能力和实施能力，获得专业成长。

三、 师资培训

在以往的学科教学中，教师依靠一本教科书、一本教参，几十年如一日，在传统的考试模式乃至固定的题型指挥下，徜徉在题海中，以不变应万变。但是，跨学科综合课程和活动是融合多种学科在一起的新的课程，比如迅行中学卞文文老师设计的"追寻鲁迅先生的足迹——创建弘扬鲁迅'立人'精神主题创新实验室"，融合了语文、历史、美术、物理、化学、信息、音乐、舞蹈、生物、地理、心理等科目，这就要求授课教师除了熟悉自己本专业的知识外，还需要了解其他学科的知识，对自己不擅长的内容，还要请教其他的老师，一起来解决。因此，跨学科综合学习课程不仅要求教师具有综合分析和解决问题的能力，还要有组织协调能力。

由于跨学科综合学科课程和活动与以往的学校课程和一般性的综合实践活动不同，因此，我们在开发课程和活动之前，针对每个学校跨学科课程的不同情况，组织了专门的培训，通过理论学习，全面认识课程。从课程的教学要求入手，介绍课程实施前的准备、主题内容开发、设计要领、新课程对教师的要求及学校管理和评价，介绍课程建设成功教学的个案，如：原虹口区教师进修学院马骉院长的"校本培训的核心——教师实践智慧的提升"，原区科研室邵骥顺主任的"智慧课与教科研"，我校教师的"教研组建设——智慧型课程开发的重要阵地""智慧在江湾　师生共成长——学生眼中的智慧型课程""争取学生喜欢你的科目"等，让教师全面认识智慧型课程，提升课程意识。（见表3.1-1）

表3.1-1　2012年上海市江湾初级中学智慧论坛一览表

序　号	主　题	主讲人
第一讲	校本培训的核心 ——教师实践智慧的提升	马　骉
第二讲	智慧课与教科研	邵骥顺
第三讲	做一个好老师	徐韵安
第四讲	教研组建设——智慧型课程开发的重要阵地	杨世娟、卞敏
第五讲	人勤春来早，扬鞭马蹄疾	丁　蓓
第六讲	学业质量综合评价绿色指标的认识与实践	纪明泽
第七讲	智慧在江湾　师生共成长 ——学生眼中的智慧型课程	温　静
第八讲	数字化让生活更美好	卓国诚
第九讲	围绕绿色指标体系 推进义务教育教学质量综合评价改革	孙　磊
第十讲	英国教育培训汇报	丁　蓓
第十一讲	敢问路在何方	李惠群
第十二讲	争取学生喜欢你的科目	温　静

但目前跨学科综合学习活动还面临着以下问题：（1）对跨学习综合学习活动课程性质、形态缺乏准确的理解和把握。（2）在实施过程中盲目性和随意性较大。（3）教师在目标导向、问题导向和效果导向方面的有机结合还有待加强。

因此，在教师培训环节，我们设计了两方面的内容：一是通识教育，主要通过教育理论、教育思想、职业道德修养、现代教学方法、现代教育技术、教学模式、教师教育教学基本技能等方面对教师加强培训。二是加强教师专业方面的培训，比如实践教育、实践课程、实践教学的理论和信息方面，通过经典课例、案例分享来积累教学经验并对课程教学进行反思。在进行理论培训的同时，进行实践教育教学的技能培训，使老师在理论和实践两方面都得以提升。在培训方式方法上，我们采取报告、讲座、会议交流、研讨、参观、观摩的形式，加强对执教拓展型课程教师的培训，以自培为主，同时请区教育学院教研员定期或不定期来校给予指导和帮助，以更新教师的课程观、教学观、质量观。在培训期间，专家团队可跟进指导、学校或区教育局可定制培养跨学科综合学习课程的专业老师，并对他们进行实操体验，培养一批跨学科综合学习活动优秀教师，并通过这批优秀教师的示范，在学校带动一批教师投身于跨学科综合学习活动中来。

第二节　跨学科综合学习的内容

跨学科综合学习内容主要包括两方面：一是跨学科学习的校本课程的开发，一是实践活动的开展。我们围绕这两个方面来设计跨学科综合学习的内容。在校本课程开发上，我们根据社区资源、学校条件、学生需求等要素做好内容设计和规划。基于中考综合改革的需求和学校现有的资源环境基础，学校在课程建设中，以生态领域为切入点，让学生从感悟、实践的生态课程中，培养实践能力、创新能力和社会责任感，在综合素质评价中开辟绿色生态之路，为学生的终身发展获益。

我们根据学校的实际情况，开发和设计了如下课程。

一、　智慧型校本课程

倡导学生"快乐学习，智慧学习"，根据生情、师情、校情，充分尊重学生的差异与多样性，以国家课程校本化实施为目的，有效整合探究型课程、拓展型课程的教学，开发实施以"挖潜能、提兴趣、学方法、促思维"为核心理念，满足学校内涵发展需要的智慧型校本课程。

二、 中学生创新能力课程

在具体实施过程中以"创新思维与头脑风暴"课程为载体，以自主学习的方式，通过学生独立地分析、探索、实践、质疑、创造等方面来实现学习目标。学生发散自己的思维，自主探究、自主创新，通过多种形式完成课程中的既定目标。借助不同类型的题材，使学生能够提升自身的综合创新能力、动手能力和团队合作能力。通过项目的实施与探索，进一步补充、完善创新型课程教学理论，提高学生的任务驱动式学习。借助国际 DI 创新思维大赛和 OM 头脑奥林匹克大赛等竞赛平台，让学生获得创新思维能力实践的舞台。

三、 基于陈鹤琴教育思想的"新五指"课程

学校秉承陈鹤琴"活教育"思想，落实《纲要》精神，根据绿色生态学校的创建要求和学生核心素养培养要求，在学校原有拓展课程基础上，做了一定的修改和完善，提出了从"五指活动"到"新五指"课程的创建项目。"新五指"课程既满足学生生存与发展的需求，又促进学校的内涵与品质的提升，使课程真正成为培育学生的核心素养、提升教师专业发展水平的有效载体和学校的办学特色。

"新五指"课程系拓展型课程。它所包含的课程体系框架是："德"——规范与礼仪、"智"——学习与探究、"体"——运动与健康、"美"——艺术与生活、"劳"——科技与创新。这五类课程是相互联系的，就像人的五个手指。手掌部分随着未来教育的发展将会是不断增设调整的课程，五个手指和手掌共同构成可具有整体功能的手。张开手是"新五指"课程，握成拳头则体现我们的课程建设目标——培养学生成为一名现代中国人。

"新五指"课程的提出，是学校传承和发扬陈鹤琴教育思想的自然延伸和遵循《上海市中小学拓展型课程指导纲要》的基础上的新思考、新实践。

四、"活教育"思想理念下的"提篮桥文化"校本课程

我校自 2014 年起，充分利用提篮桥丰富的地域资源，开发与实践"提篮

桥文化"校本课程，使其化为学生喜欢的课程资源，践行陈鹤琴"活教育"思想，执着实践，砥砺前行。上海市霍山学校地处提篮桥核心区，从学校步行，距离提篮桥监狱286米、犹太难民纪念馆450米、下海庙700米，地理位置独特。面对特有地域的丰富资源，学校有着天然的文化教育职责和社会责任去开发、挖掘并将其化为课程资源。

每个跨学科课程应符合学校课程的总体规划，课程制作完成后，将编写成校本教材供全体学生选用。另外，"追寻鲁迅先生的足迹——创建弘扬鲁迅'立人'精神主题创新实验室""提篮方舟与犹太文化"皆是根据本地区及学校的具体情况而设计的校本课程。

第三节　跨学科综合学习的原则与活动形式

由于跨学科综合学习课程和活动涉及的学科内容广，课程和活动更是千差万别，为了提升教师的跨学科综合教学能力、提高学生的综合素养，我们在设计跨学科校本课程时，必须要充分意识到该校本课程是国家课程和地方课程的有益补充，要符合学校课程的总体规划；实践活动的开展必须有推广的价值。为了最终能顺利完成这些课程和活动，我们在课程和活动开发阶段必须遵守以下原则。

一、跨学科综合学习的原则

（一）校本课程开发的规范性原则

校本课程是对国家课程和地方课程的有益补充，我们在开发时要尊重学生个性，注重学生的全面发展，在课程开发的过程中，要强调规范性。在结合学校的办学理念和培养目标的基础上，根据社区资源、学校条件、学生需求等要素做好顶层设计和规划，落实课程基本元素，规范课程开发流程，挖掘丰富的地域资源成为课程资源，激发学生多元发展需求和发展潜能，提高课程开发的规范性和品质。

（二）课程实施的实践性原则

校本课程在实施过程中应保证学生有足够的实践机会，使课程的实施地点不止局限于教室、学校。我们应创造机会让学生走出教室，通过教授、主题实践体验、现场学习单、采访等多种形式丰富学习体验。跨学科课程呈现给学生的应是一种全新的学习情境和方式，一如霍山学校所推行的"活教育"

思想的现场实践写照。

（三）实践活动的可持续发展原则

校本课程实践活动应与践行社会主义核心价值观有机结合，遵循"较好认识地域——体会地域文化——热爱地域——热爱社会——热爱祖国"，引导、启发学生联系实际，培养历史使命感和社会责任感，坚持可持续发展原则，将课程实践活动与当地文化结合起来，将校园文化和当地的地域文化结合起来，走可持续发展道路。

二、 跨学科学习课程开发的形式

课程的设计开发可采取灵活多样的形式，如自编主题，也可改编别人已成熟的主题。在课程开发期间，学校更要为教师牵线搭桥，多渠道地为教师挖掘跨学科校本课程资源。

（一）开圆桌讨论， 共同探讨

围绕跨学科校本课程和活动这一主线列出课程和活动内容框架，课题组专家、学校领导及教师们集中进行圆桌讨论。圆桌讨论以教研组为单位，各位教师基于自己的专业背景、已有的基础、学生的兴趣，进行充分交流，互动讨论。讨论的内容包括教师收集了哪些课程资源，如文字、图片、视频等；教师们在开发过程中遇到哪些实际问题和困难，是如何解决的等。大家畅所欲言，各抒己见，最终形成开发课程的意见，以便具体担负该项目的教研组执行。

校本课程主题的开发，最终呈现在学生面前的是一位教师的教学，但它更是整个教研组的智慧结晶，体现教师团队的合作精神。

（二）设计开发的形式灵活多样

教师依据课程的价值来判断是否进行跨学科综合学习课程的开发。一旦确定，则呈现课程的方式可以灵活多样，具体如何开发，全凭教师的丰富教学经验。教师发挥自己的教学经验和跨学科知识，捕捉教学活动中生成的各种动态的有价值信息，努力将已有的资源整合，以激发学生的学习热情。

教师亦可依据学生的兴趣特点，选用或改编一些较成熟的已出版的相关教材，在内容上加以梳理，研究制定跨学科综合学习校本课程的教学设计、活动设计，形成一些操作性、实践性强的课程主题。

如江湾初级中学语文教研组张老师选用多个版本的《论语》，开发出《孔子"智"在何方》探究性学习主题，让学生了解诸多孔子的学生；知道孔子学生如子路、颜回、子贡等的故事；在学习的过程中，认识、了解了《论语》的精华；以"歌曲"的方式使学生了解孔子的教学思想、理论，朗朗上口、深入人心、生动活泼，以比赛形式激励学生探究；引导学生交流自己的心得；老师教唱孔子的歌曲。

（三）牵线搭桥 挖掘资源

教师在开发课程和活动的过程中需要拓宽视野、挖掘资源、收集资料；学校需要提供全方位支持，如平台的搭建等，帮助教师挖掘课程资源，如语文老师可充分利用虹口区图书馆资源，开发主题为"我为图书狂"的跨学科综合学习的校本课程，让学生走出校园，去图书馆体验不一样的阅读。

第四节 跨学科综合学习的实施

各课题组教师在跨学科课程总的思想指导下，需要编写各科目或活动的实施方案。该实施方案应充分考虑学生的实际需求，具有明确的指导思想、课程（活动）目标、教学内容框架、教学与评价要求等。我们在课程案例设计的过程中，提出了一个与教学环境相匹配的教学模式。

一、 跨学科综合学习的实施应追求教学的有效性

课堂是教学的主阵地，跨学科学习的校本课程从教师设计到课堂实施，这是一次跨越。教师开发的课程需要在课堂上试验，通过课堂实施，才能真正体现出课程促进学生个性发展，提高综合素质。但课堂教学方式需要探索，教师之间应互相观摩，毕竟教师课堂教学方式的变革和课程理念在课上的演绎又是一个难点，即教师的课程执行能力、课程教学的有效性是难以把握的。为此，我们在课程实施前，先开专家讨论会，观摩教学，并根据专家的意见，及时调整上课的节奏和内容，以便达到预期的效果。在具体实施的过程中，我们主要采取以下方法。

（一）公布主题 学生选择

对入选的主题，学校推荐统一格式的校本课程简介样板，让教师对精心开发的跨学科校本课程撰写"跨学科校本课程简介"，推荐给学生，学生通过简介迅速了解该选择哪些课程。现拿江湾初级中学第一轮跨学科课程学习简介模板举例介绍（见表3.4-1）。

表 3.4-1   上海市江湾初级中学第一轮跨学科课程学习简介模板

教师姓名	汪晓羚	开设年级	七年级
课程名称：带你走进奇妙的格点世界			
课程简介			
《带你走进奇妙的格点世界》——平凡、灵动的小"格点"，构造出一个新的奇妙世界。让你体会小身材的大用途。尽管它常出现在我们的生活中，但是它总以多样的形态将自己隐藏起来。看似平凡的它，却有着无穷的奥妙。 　　来吧，亲爱的同学们，打开你的视野，让我们携手一起进入奇妙的格点世界，进入你所不知道的领域！			

（二）编入课表　有序开展

根据学生自主选择的结果，综合教研组、教导处意见，并在充分尊重学生意愿的前提下，每个课程按照一定的名额，把学生分为不同的班级，并排入课表，一般于每周五实施教学。

比如，江湾初级中学在实施智慧型课程的过程中，根据学生自主选择的结果，综合教研组、教导处及学生的意愿，每个智慧型课程安排大概 20 个学生，把六、七、八三个年级的所有学生 467 位编入 23 个不同的智慧型课程班，排入课表，于每周五下午 12:40—13:40 实施。（见表 3.4-2）整整 1 小时，江湾初级中学智慧型课程有序开展起来，并结合学校办学特色、培养目标，在实施行动上坚持"分步递进"。

表 3.4-2   上海市江湾初级中学第一轮"智慧型校本课程"主题一览表

编　号	课程名称
1	孔子"智"在何方？
2	英语歌曲和她的情感表达
3	看我"72"变
4	多声部合唱的探究与体验
5	民间弄堂小游戏
6	植物识别及植物叶贴画的制作
7	学说上海话
8	玩镜子的学问
9	武术寻源

编　号	课程名称
10	创意木工坊
11	头脑大 PK
12	走进高效的统筹殿堂
13	我为图书狂
14	精彩阅读　轻松写作
15	带你走近奇妙的格点世界
16	神奇的正六边形
17	简单的逻辑推理 ——你也当一回福尔摩斯
18	平面镶嵌设计
19	巧读非连续文本
20	探秘海市蜃楼
21	成长的烦恼
22	穿越有理
23	中国古代建筑探寻

（三）循序渐进　按需开课

江湾初级中学在第一轮智慧型校本课程实施后，学校在不断听取了学生的反馈、专家的建议、教师的反思后，再组织专家对实施方案进一步修订，从学生全面发展的角度，充实开发 20 个智慧型校本课程的主题，构建四个板块的探究内容——基础方法类、体验实践类、兴趣提能类、思考探究类，做到门类丰富，充分关注学生学习需求，满足学生发展需求。

只有在课程实施的过程中，教师才会不断主动吸纳最新教育研究成果，积极进行跨学课课程的思考和创新，并认真寻找有效的解决办法和策略，从而促进新的跨学科校本课程的实施。

江湾初级中学第二轮开发的跨学科课程的根本目的是要解决前一阶段智慧型课程评价中遇到的若干问题，提高智慧型课程的质量，促进智慧型课程本身的发展。

因此，在第一轮智慧型课程开展的基础上，江湾初级中学全体老师全部投入了第二轮智慧型课程的实施。学校充分尊重学生自主选择的权利，力争资源共享，在原有 1 小时的基础上，再增加 1 个课时，每周五下午 12:50—14:30（见表 3.4-3）。

第三轮、第四轮的智慧型课程实施，我们结合校园网的开发，试点学生网上选课系统，力求高效实践校本课程。并结合虹口区开展的"电子书包"项目，开展"利用电子书包探究正多边形的平面镶嵌"的校本开发。学校至今已开发实施 55 门智慧型课程科目。

表 3.4-3　上海市江湾初级中学第二轮"智慧型校本课程"新增主题一览表

编　号	课程名称
1	音乐剧《巴黎圣母院》欣赏
2	趣味跳绳
3	我影我秀
4	英语歌曲中的英语文化
5	探姓氏源流　踏文化之旅
6	图案美
7	流行歌曲与生活哲理
8	语言的艺术表达
9	叶贴画的制作奥秘
10	探索古诗词背后的动人故事
11	篮球技巧
12	文化中国
13	初涉概率
14	PPT 设计与数字故事
15	抽陀螺的学问
16	花样羽毛球
17	"一"词妙用
18	英文童谣探秘
19	弦外之"英"　英语歌曲赏析
20	数学推理与象棋残局

编　号	课程名称
21	你来我往——生活中的英语
22	几何画板助我探索几何变幻之奥秘
23	中国象棋　智慧体操

引导教师在跨学科课程实践中善于发现问题和提出问题，从问题入手，立足实践，以研究者的眼光思考、反思、审视、分析、探索和解决自己在实践中遇到的问题，把跨学科课程教学工作和教育科学研究融为一体。

每轮的跨学科课程活动，每位教师都要制订好详细的教学计划、做好周密的安排、按计划组织探究活动，做到准备充分，使跨学科课程教学有效。

二、　课程或活动的实施要点面结合，层层递进

我们在开发"初中科技创新校本课程"时把科技创新校本课程排入课表，作为必选拓展课，每周 1 课时，全体学生都有机会接触部分课程内容。学校每年开展一次大型的科技嘉年华活动，让全体学生在活动中感受科技创新的氛围和乐趣。我们在课程设计中注重层次性，面对六、七、八年级学生不同的知识储备，设计不同的科技创新课程板块内容；在选课机制上，利用自助式网络选课制度，尽可能地满足对科技创新课程有兴趣的学生学习的需求。

对那些在科技方面有特别兴趣的学生，学校在每周 1 课时的自选拓展校本课程中，可再选择科技创新课程，学习较高层次的内容。

对于特别出色且自愿参加各项科技比赛的学生，可以组成学生社团，由科技竞赛辅导老师进行专项辅导，每周至少 2 课时。学生开展自主探究，并参加各级各类的科技创新比赛。

三、　跨学科综合学习的实施，设定评价机制

跨学科综合学习课程的实施要丰富评价方式，充分关注学生的学习和成长过程；倡导学生自评、互评，使学生逐步养成自我评估、反思和约束的习惯。在课程实施过程中，我们设计了课程评价反思环节。评价反思环节，我们将采取不同的评价方式对教学进行评估和反思，以此检验教师的教与学生的学，检验该课程是否已经达到预期目标、教师采取的这种教学方式是否有效，并为后来设计的课程提供一些参考。评价分为教师评价和学生

评价。

（一）教师评价

在对教师的评价中，主要是对教师的教学进行评估。我们可以通过以下几点对课程教学过程进行评价和反思：（1）教师从教必须有计划、有进度、有教案，有考勤评价记录。（2）教师应按学校整体教学计划的要求，达到规定的课时与教学目标。（3）教材的编写情况、掌控课堂的能力、学生感兴趣的程度、学生的收获和作品、召开学生座谈会等。（4）任课教师设计"过程评价内容"，对学生进行评价，并以"优、良、中、合格、须努力"作为最后的评价结果，登录《学生成长记录手册》。

对教师的评价，教务处采取通过听课、查阅资料、调查访问等形式，每学期对教师考核，并记入业务档案。

（二）学生评价

对学生的评价，主要是评价学生的学习效果，倡导学生自评、互评，使学生逐步养成自我评估、反思和约束的习惯。可采用表格、学习档案、作业纸、成果展示等方式，让老师、学生本人、同学、专家、社会成员等分别在学前、学中、学后的恰当时间点共同参与评价。

对学生的评价，主要注意把握以下几点：（1）掌握评价的原则，即注重"过程"评价、"自我"评价、"多元"评价。（2）掌握三个维度，即学生自我评价（40%）、小组评价（30%）和教师评价（30%）。（3）掌握好评价的内容，主要指学习态度，包括学生参与学习的主动性与积极性，能否主动提出设想和建议，是否积极动手动脑，不怕挫折与困难，积极参加各种实验、社会调查等活动。（4）学生之间的合作精神，主要是对学生参与课题探究、拓展学习时，小组活动中的合作态度和行为表现进行评价，能否参加集体活动，积极主动地帮助别人，乐于与别人一起分享成果等。（5）学生的创新能力，主要指学生寻找各种资料的能力，观察、分析、选择、处理信息的能力，熟练应用计算机和各种资料的能力，学会与人交往合作的能力，规范撰写调查报告、科研报告的能力，准确表达自己见解和观点的能力，等等。

在跨学科综合学习的过程中，对学生学习的评价要贯穿学习的始终，将过程性评价与终结性评价相结合，重点考察学生的任务完成程度与在学习过程中展现的各方面能力。

第五节　跨学科综合学习的体系建构

我们在建构跨学科综合学习体系时，充分立足于学校、地域资源，根据学校教育特色、地域特色、教师特长，建立拓展型课程资源库。以地域类拓展型课程为重点，逐步向实践类、综合类拓展型课程延伸，构建具有特色的拓展课程体系。跨学科综合学习课程既是学习方式的具体表现，也是课程体系构建的理念指引。我们在构建跨学科综合学习体系时，坚持核心素养导向，立足于学校的现有资源和所在区域的历史地理环境及对已有课程的改造，通过课程整合，从学校优质资源入手，构建区域特色课程和活动。在课程目标上，抓住学科核心素养，培养学生跨学科综合学习能力，促进学生全面发展；在课程内容上，围绕学校和区域内的优质资源，整合跨学科知识，促进学生综合理解，培养学生综合素养；在组织形式上，以校长强调、教师课堂讲解、小组合作式学习，培养团队协作能力；在学习结果上，重视实践创新，让学生在探究与创作中形成一定的作品；在资源开发上，立足学校紧抓学科资源，放眼校外深挖社区资源。

目前，我们初步构建了适合跨学科综合学习的资源驱动性特色课程体系。该课程体系将学科与本地区的历史文化和校园文化紧密结合起来，把学科知识、思维、方法、观念的严密体系与本校或本区的环境、历史、建筑等结合起来，通过将人文历史、绿色生态、创新设计、艺术设计等学科领域和社会、环保、科技等话题有机融合，形成了多个跨学科综合学习的课程或活动主题。围绕这些学习主题已经开发出系列活动方案，随着跨学科综合学习的开展，我们还将进一步丰富相关内容，开发设计更多新的主题。课程实施可根据学校课程管理具体规定，将其纳入校本课程或综合实践活动、探究性学习等课程统筹管理。本书所列的 14 个案例，都是紧密结合校园文化和当地的历史文化，与学校的育人方针紧密结合。

比如，我们霍山学校在开发跨学科综合学习活动的时候，就是紧密围绕我校创始人、著名教育家陈鹤琴先生提出的"五指活动"（该"五指"包括儿童健康活动、儿童社会活动、儿童科学活动、儿童艺术活动和儿童文学活动五大部分），并运用陈鹤琴先生"做中学、做中教、做中求进步"的"活教育"方法论，提出"新五指"。"新五指"课程体系由限定拓展课程和自主拓展课程两部分组成，从德、智、体、美、劳五个方面构建，课程内容的选择与组织以学生发展和需要为出发点，遵循广域性、适切性和开放性的原则，为学生提供足够的选择空间，以满足学生个性特长发展的需要及适应不同个性发展的需要，让每个不同层次的学生都能得到发展。"新五指"从课程建构与实施的角度，完善学校拓展型课程体系。

在"新五指"课程的建设过程中，鼓励教师自主设计和开发课程，完善课程体系的具体内容，旨在提高教师的课程开发、实践和评价能力，有利于教师创新教学手段、完善教学方式、积累并迁移教学经验，促进教师专业发展。

现以霍山学校开设的"新五指"课程自主拓展课为例，介绍"新五指"课程体系。2018 学年教研组从德、智、体、美、劳五个方面构建，共开设自主拓展课 16 门（见表 3.5-1）。

表 3.5-1　开设自主拓展课程一览表

序　号	科　目	年　级	执教教师	课时安排
1	中国民俗略观	六	石　燕	
2	心理护航	六	温　静	
3	生活中的数学	六	张林林	
4	戏剧	六	金津之	
5	体育游戏	六	胡晓燕	
6	软陶	六	徐悦唯	
7	KODU 趣味程序设计	六、八	郭姝菲	
8	玩转魔方	六、八	王世芳	
9	论语	八	鲁金芝	周五 13：50—14：30
10	篮球	八	吕建涛	
11	思维数学	八	李　岳	
12	趣味科学	八	朱丽君	
13	趣味物理	八	施双双	
14	趣味化学	八	沙　芳	
15	折纸	特教	朱　珏	
16	梅之韵——梅派京剧表演	六、七	周　芝	

学校课程建设是撬动学校内涵品质的杠杆，"新五指"课程是立足于德、智、体、美、劳的特色课程。课程的选择与组织以学生发展和需求为出发点，让每个孩子得到不同层次的发展。

课程体系只是课程实施的参考框架，各学校在具体实施时，可以根据自身的条件和独特的资源灵活调整。比如霍山学校开发的"梅兰芳与中国京剧"课程，即是发挥校内校外的优势，将情境、服装造型、唱腔等进行了充分的融合，最终的表演《天女散花》呈现了很好的效果。学校的京剧教育也得到了专家和社会的一致肯定，连续被评为"虹口区艺术教育特色学校（民族文化特色）""虹口区艺术特色项目学校"。多次受邀参加市、区各类展演，还经常被刊登在《虹口报》和《上海中学生报》等新闻媒体上。各学校可根据实际情况对这些课程进行校本化开发和应用，再形成区域性的跨学科学习活动资源库，进一步丰富跨学科综合学习的主题。

第六节　跨学科综合学习的推进策略

跨学科综合学习课程和活动符合教育改革的发展趋势，符合师生共同发展。由于每个学校的具体情况不同，在内容建设和具体施行上也存在或多或少的差异。因此，跨学科综合学习课程不宜制定统一指标、检查评比等简单的方法，而宜用鼓励创建、推介成果的操作方法。根据开发跨学科综合学习课程的建设实践，笔者认为跨学科综合课程的建设有以下几个步骤。

一、宣传动员

跨学科综合学习课程不同于校内的正式课程，它是以拓展课形式出现的课程。开发跨学科课程除了要求教师具有综合学习能力外，还需要占据教师大量的课外时间。如何让教师乐于接受并开发出符合师生需要的跨学科综合课程，就是摆在我们面前的首要任务。宣传发动时宜从满足广大师生愿望的角度出发，而不宜一开始就用自上而下的行政命令、工作布置的方法。对于那些有实际困难的教师，学校要创造条件，争取让每个教师都参与跨学科综合学习课程的建设；对于敢于尝试用新的教学方法授课的教师，学校要给予鼓励。跨学科综合学习课程建设是新时代下新的教学模式，学校要努力把跨学科建设内化为广大师生的愿望，激发他们的内在需求和积极性，使跨学科综合课程能顺利实行。

二、 创建良好的教学生态

教与学是一个矛盾的统一体。所谓"教学相长",亦即需要教师的教与学生的学形成良性循环。跨学科综合学习课程开发出来后,需要教师和学生的积极配合,才能让这门学科发挥它应有的作用。因为它不是必学科目,教师如何教授、学生如何学好就成了当务之急。因此,我们在充分调研的基础上,尽可能地激发学生的学习兴趣,成立兴趣小组,使他们感到学习这门课有荣誉感。教师在教授这门课时,学校要尽量提供更多的条件,使建设这些课程的教师非常乐意将这些知识传授给学生,从而达到良性的教与学的生态环境。

三、 成果展示

成果展示和操作理念的交流相结合。由学校或班级自行展示跨学科综合学习建设过程中取得的成效,既能满足实现自我的心理需求,进一步激活积极性,又能发挥示范效应,使学有榜样。在跨学科综合学习中,由于强调多学科之间的合作,所以在展示课程成果或汇报活动的同时,交流跨学科综合学习建设的理念及课堂教学实践,就显得更为重要。因此,我们在对外宣传跨学科综合学习时,更多的是教师教学观念的转变和学生学习习惯的转变,我们不再是仅仅唯分数论,而是更多地关注学生的课堂获得感和存在感,关注学生的动手实践能力,更多地注重德育素养的提高。

四、 总结评价

在跨学科综合学习的过程中,我们应将师生的实践反思和专家的专业引领相结合。在跨学科综合学习的过程中,在课程或活动建设的开始,教师的认识并不一定很深刻,可能他们还会觉得这门课或这项活动很复杂,可能会产生对这门课意义的质疑,然而深入学习后,发现跨学科综合学习不仅仅是各门学科的综合学习,而且对教师及学生的成长有很大帮助。尤其是经过反复证实的成功经验,其中必然包含某些客观规律,对实践的指导作用更大。当然,为了提高经验总结的科学水平,必须借助专业人员的力量,进行逻辑的、理性的分析,来揭示经验的实质,使经验上升为理论。同时,组织德育专业科研人员深入基层,为教师发现并提供大量鲜活的经验。这也是提高教师业务水平和育德能力的重要途径。只有坚信科研,才能完成认识上的二次飞跃。

五、 组织推介

学校利用各种机会对跨学科综合学习的成果进行推介。一是进行媒体宣传，利用媒体资源，对实施成功的校本课程和实践活动进行报道宣传。二是利用市区级会议交流的机会，主动宣传跨学科综合学习的成果。三是现场举办活动进行推广。四是参加各种实践活动等。

第四章　跨学科综合学习的课程实施

本章根据"智慧型校本"和"提篮桥文化"校本课程来探讨跨学科综合学习的实践路径。在讨论跨学科综合学习开发前，我们有必要对跨学科综合学习进行调研。

第一节　跨学科综合学习的前期调研

由于每所学校所处的地理位置、办学历史及办学理念均不一样，各校在设计跨学科综合学习活动的时候要根据自身学校实际情况因地制宜地选择契合本校的课程及活动，以便符合师生的需求，使跨学科综合课程和活动的设置切实符合学校办学理念，更符合师生的发展需要。因此，我们在设计课程和活动的前期，会发放问卷，对课程和活动的设计在本校内进行调查，并在调研的基础上开发出适合本校的跨学课课程模式。

一、调查目的

1. 通过调查，了解对开发跨学科综合学习课程的认识。

2. 通过调查，了解教师、学生对开发跨学科综合学习课程的真实需求。

3. 为开发跨学科综合学习课程内容、原则、方法的确立提供依据和建议。

二、调查方法

调查方法主要有问卷调查法和访谈。问卷调查法主要是针对教师，对学生大多采取访谈的方式。

（一）教师问卷调查

为了有效开展跨学科综合学习的校本课程，构建符合学校特点、激发教师教学热情、满足学生学习需求的跨学科校本课程实施方案，促进学校、教师、学生三方协调发展，推动学校课程建设向纵深发展，我们在开发每一门跨学科综合学习课程和活动之前，领导管理小组首先对课程开发实施的教师教学现状进行调查。

课程开发是教师专业发展中的一个亮点，同时也是一个难点。在没有课标、没有教材、没有经验的前提下让学校和老师去探索去实施，的确有重重困难，调查数据反映了智慧型校本课程开设过程中教师的自身能力仍有所欠缺，软硬件条件方面还有不足，需要得到学校管理方更多的支持。

（二）学生访谈

跨学科综合课程和活动、教师的教、学生的学，它们是一体的，因此我们在对教师进行问卷调查的同时，也对学生参与跨学科综合课程学习的欲望和态度进行了访谈调查，以便较为真实、深入地了解学生对我们即将开展的跨学科校本课程和活动的看法，从中探索出开发的真实现状和存在的问题。

在访谈中，学生们提出了许多想要学习的主题内容，比较感兴趣的有名著导读、体育裁判、中外动漫、物理实验、弄堂游戏等，有些是我们现有的学科学习没有涵盖的，需要学校重新进行课程设计。学生们希望老师们多一点学习方法，改变单一的知识传授，多设计一些活动，多一些学生自我学习及自主学习的时间，也能使他们的分析推理能力和口头表达能力得到提高。同时，学生们还提出了对智慧型课程教师的高期待。

访谈后，课题组及时整理了访谈记录。通过访谈，课题组了解了学生对跨学科课程开发的认识和意义，了解了目前课程学习的现状和存在的问题。通过对学生的访谈，也反映出学生对跨学科综合课程建设的高期待。

三、 调查结果分析

在综合了教师问卷调查和学生访谈调查的基础上，学校会针对调查结果，对即将开发的跨学科综合学习课程和活动进行讨论，在充分尊重教师和学生的基础上，并根据学校现有条件，开发出师生都乐于接受的跨学科综合课程。智慧型课程主题开发建设不能只考虑教师是否有相应的专长，也不可忽视学生的需求。通过访谈调查，发现学生对现有学校的学习普遍感到不满足，学生学习的兴趣广泛，但学校没有相应的学习板块配套。学生的学习态度、行为是影响智慧型课程实施效益的重要原因，为此，学校要将学生需求与教师专长有机结合。

第二节　智慧型校本课程的开发与实施

在前期调查分析的基础上，我们开发设计了跨学科智慧型校本课程。智慧型课程是学校各类教育教学活动与课程的总称，是助力"湾豆们"成长的载体，体现学校办学特色。江湾初级中学智慧型课程的开发经历了三个阶段：基础型课程、拓展型课程、探究型课程。"研拓智慧课3.0"指的就是其中的拓展型课程和探究型课程。研拓智慧课是学校课程建设的特色，凝结着全校师生的辛勤与智慧，是学校"勤于行，慧于心"校园文化的集中体现。研拓智慧课是江湾课程改革起步阶段的试验场，也是顺应教育改革发展的主阵地。研拓智慧课与江湾基础型课程组成的智慧型课程一起经历了三次迭代。（见表4.2-1）

表 4.2-1

版　本	时　间	特点（解决的问题及突破口）
1.0 智慧课	2011—2013	基于老师的兴趣与能力开发科目。孵化课程意识和开发能力。 将学校原有研拓课程整合优化，完成点状水平的课程变革，形成"育品行、提兴趣、学方法、促思维"的课程理念。
2.0 智慧课程	2013—2018	基于学生需求、基于办学目标，形成特色科目群和体系。 围绕培育"智师慧生"办学目标，开发和打造国风教育、编程与设计、湾豆书单、STEM课程等精品科目群，完成线性课程设计的课程变革。
3.0 研拓智慧课	2018—至今	基于教改方向，优化课程体系，关注实施评价。 在新中考背景下，着眼核心素养培养，优化课程体系结构和课程图谱，关注"精智课堂"的教与评。

江湾初级中学研拓智慧课的设置，旨在遵循"以学生发展为本"的课程

理念，根据学校的传统和师生的特长，充分尊重学生的差异与多样性，适应每一位学生的发展，丰富学生的学习经历；以课程建设为抓手，以国家课程校本化实施为目的，充分激发和保护学生的学习热情，因材施教；立足教师的专业背景，积极开展校本研修，充分挖掘各学科教学的有效资源，凸显课程特色，开发形成符合学生个性发展，满足学校内涵发展需要的研拓智慧课程；走内涵发展之路，创品牌特色学校。

一、 成立课程开发领导管理小组和专家指导团队

为了保障智慧型课程的顺利实施，2011 年 2 月，学校成立江湾初级中学课程开发领导管理小组和专家指导团队。

根据跨学科综合学习的总体要求，智慧型课程开发领导小组由校长亲自带队，并整合校教导处、科研室及其他相关部门，对课程所需要的硬件设备和软件设备进行协调和配置，对课程的总体进度进行把控等。专家指导团队由有经验的一线教师或智慧型校本课程专家担任，在课程开发初期提供建设性意见，并在课程进行中给予课程开发团队进行理论和实践上的指导。

二、 智慧型课程调研

（一）教师问卷调查

2011 年 2 月，课题组以调查问卷的方式对江湾初级中学全体 54 名一线教师开展了智慧型课程开发可行性调查。通过对教师教学的基本情况、教师开发智慧型校本课程的意愿和能力、开发智慧型校本课程对教师专业的要求、智慧型课程开发的制约因素及智慧型校本课程实施的系统调查，全面、科学地了解了教师在课堂上教学行为的现状。

智慧型课程的开发让一线教师参与到课程开发的研究中，从而避免了设计开发的课程脱离实际教学的弊病，也避免了成为研发成果的操作者或行政指令的执行者的角色。教师在实践中提出有待研究的问题，由于这些问题处于复杂的、不确定的、独特的和价值冲突的情境之中，存在于任何已经产生的理论和技术之外，因而实践者就不能将它作为一个工具性问题并指望应用他的头脑里储存好的专业知识来解决它，他就不得不在自己的行动中用自己

设计的情境化策略尝试性地解决它。①

（二）学生访谈

访谈前，学校制作了访谈提纲。访谈内容包括：对智慧型课程主题及其开发的知晓度，对开发智慧型课程的方式、时间的建议，对智慧型课程开展的需求、期待等。访谈后，课题组及时整理了访谈记录。通过对学生的访谈，反映出学生对智慧型课程建设的高期待，他们提出的想法和希望、建议均被落实到学校智慧型课程方案设计及行动研究中。

三、 智慧型课程的实施

本校研拓智慧课面向全体师生。六、七、八年级全体学生和全体教师都参与课程的开发和建设。

我们的课程建设按照以下步骤：

（一）科目设计

1. 科目设计路径

自下而上：教师个人按自己的意愿设计科目或修改原科目。

自上而下：由学校顶层设计科目群，教师按科目群分类设计科目。

教研组按主题设计：以教研组为单位，根据教研主题或学科要求，设计学科拓展类科目。

专项定制：对标市级竞赛，开展对应的科目设计。

2. 科目设计规格

包含：

（1）课程名称。

① 课程开发背景；

② 课程目标；

③ 课程内容；

④ 教学设计实施；

⑤ 学习评价的设想。

（2）科目申报表。

（3）课时教案（撰写模板）。

---

① 刘良华：《校本行动研究》，四川教育出版社，2002年。

（二）科目库搭建及人员安排

搭建科目库，根据本学期学校工作需要、人员变动统整安排本学期开设科目的老师。

（三）学生选课

遵循自主性原则，本校的研拓智慧课是"可供学生按需求和兴趣选择的课程"，强调学生的主体意识，教学是以学生为主体展开的。学生根据要求和自身兴趣、爱好、需求自主选课。

1. 选课辅导。

2. 在选课平台自主选课。学生在选课系统中先浏览课程介绍，在规定时间内选课。

（四）课程实施

1. 课程形式：采取小课堂（20人以下）、长（每学期16课时）短（每学期8课时）课时结合，每课时40分钟，达到和保证良好的教学效果。

2. 组织形式：打乱原有班级模式，六、七、八年级大走班。

研拓智慧课2.0版和3.0版的比较见表4.2-2。

表4.2-2　研拓智慧课2.0版和3.0版的比较

区别项	研拓智慧课2.0	研拓智慧课3.0
上课时间	周五下午第一、第二节	周五上午第一节8:00—9:00
上课时长	40分钟	60分钟
上课次数	6次	14次左右
学期课时数	6课时/科目	21课时/科目
选修科目数	2门	1门

（五）教研

综合教研组负责学校研拓智慧课开发和实施的日常管理事务，这个组的划分不是我们传统意义上的教研组，和学科教研组有交叉，我们的教研活动不可能像学科教研活动那样定时定人定内容，而是需要根据课程、根据课题、根据项目的推进程度不定期不定员地进行研讨。

（六）资源挖掘

充分挖掘一切可以利用的资源，如校园资源、家长资源、社区资源、专家资源等开发课程。

（七）校本讲义的编撰

在实践基础上，教师编写完善自己开发课程的校本讲义。学校在适当时候汇编成册。

四、 评价

评价的目的是充分激励师生积极参与，调动师生的积极性与创造性。

（一）课程开发

由课程管理领导小组组织老师修订原有科目设计，甄选出优秀科目，确定每学期实施的科目。

（二）课程实施

1. 巡视：课程开发领导小组上课时进行巡视，了解课程开展的大致情况。

2. 学生反馈：对学生进行问卷或座谈等形式的调查访谈，了解学生的需求，即时对课程进行调整。

3. 教师自我评价。

（三）成果展示

给学生和老师搭建平台，每学期以各种形式进行一次课程成果集中展示，如实践操作、作品鉴定、竞赛、评比、汇报、展板、网络平台（公众号）等形式展示。

1. 和相关竞赛对接，让学生学以致用，有获得感。

2. 编写校本讲义：形成校本活页讲义，条件成熟的课程，学校组织编撰成集。

五、 课程管理及保障措施

以"人本化、民主化、制度化"为核心的学校管理体系，由校长室分管校长领导；教导处主要分管课程建设及协调各方力量；总务处做好后勤保障；综合教研组协调智慧型课程开发的日常事务。

（一）机制保障

成立课程管理领导小组，由学校领导、行政干部、各学科教研组长、骨干教师等组成。课程领导管理小组负责顶层设计、管理机制建立、师资调配和经费投入，保障学校智慧型课程的开发与实施；由市区相关的学者、专家组成的智慧型校本课程专家指导团队负责课程开发实施的指导、决策、审核与咨询。

（二）经费保证

1. 课程开发设置奖励费。

2. 保证一定的课时津贴（不低于考试学科）。

（三）课程开设时间的保证

六、七、八年级全体学生都参与研拓智慧课，时间统一为每周五上午第一节课并提早20分钟，共60分钟。

（四）场地和设施的保证

充分利用校内外一切可以利用的资源，学校的多媒体教室、电脑房、各实验室、各专用教室、会议室、小剧场等全部开放使用；对于课程中涉及的器具器械等，正常需求一律开绿灯，协调各部门通力合作，共同打造好智慧型课程。

第三节　"提篮桥文化"的开发和实施

我们在开发跨学科综合学习前，必须充分考虑到以下内容：一是课题和活动的框架设计必须在前期调研的基础上进行；二是需要根据学校及周边社区现有基础来设计；三是课程或活动的方案框架的设计必须经过反复论证；四是课程和活动在活动过程中，如果有不同意见须教研组开会，组织管理小组通过后再决定修改等。因此，在"提篮桥文化"开发前，我们对提篮桥文化进行了充分的调研。霍山学校地处提篮桥核心区，从学校步行，距离提篮桥监狱286米、犹太难民纪念馆450米、下海庙700米，地理位置独特，历史文化深厚。面对特有的地域资源，学校有着天然的文化教育职责和社会责任去开发、挖掘并将其化为课程资源。学校创始人——著名教育家陈鹤琴先生说过："大自然、大社会都是活教材，要注意环境、利用环境。"因此，学校自2014年起，充分利用提篮桥丰富的地域资源，开发与实践"提篮桥文化"校本课程，使其化为学生喜欢的课程资源，以践行陈鹤琴"活教育"思想。"提篮桥文化"校本课程开发与实践体系图如下。

```
                                    ┌ 组建专业团队
                                    │ 整合社区资源
                                    │ 收集课程资源
                        校本课程开发 ┤ 确定课程内容
                                    │ 设计框架体系 ┌《提篮方舟与犹太文化》
                                    │ 编制学本目录 ┤《探寻提篮桥监狱》
                                    └ 撰写学本内容 └《从下海庙走向世界航运中心》
                                    ┌ 课程师资培养
                                    │ 制定实施方案
                                    │ 设计科目纲要
"提篮桥文化"校本课程 ┤ 课堂教学实践 ┤ 撰写单元设计
                                    │ 撰写教学设计
                                    │ 课堂教学实践
                                    └ 课堂教法研究
                                    ┌ 设计活动原则
                                    │ 设计活动方案
                                    │ 活动现场实践
                        主题活动实践 ┤ 设计学/研单
                                    │ 主题活动案例
                                    │ 主题活动总结
                                    └ 主题活动成果
```

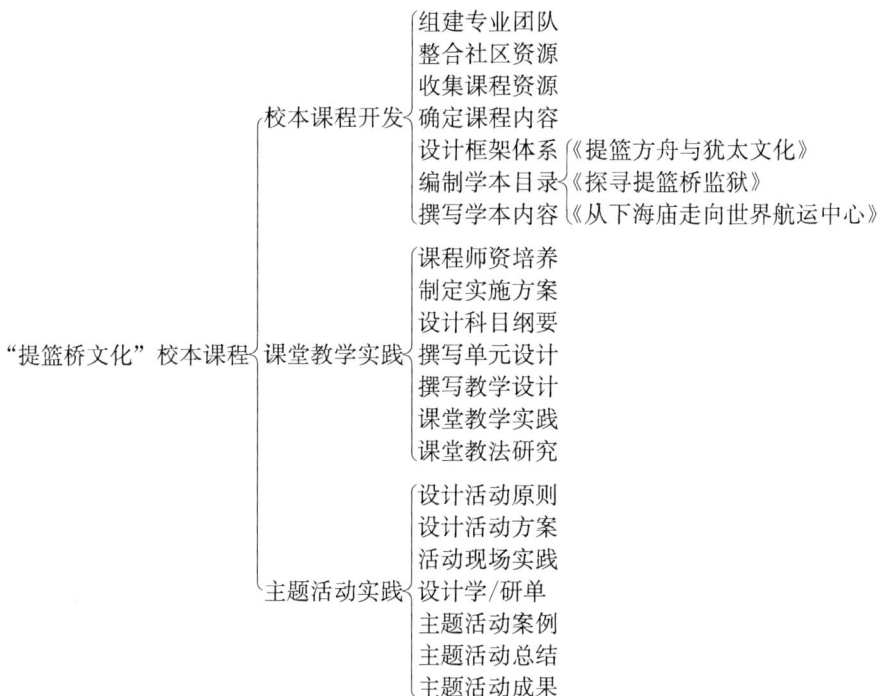

一、 开发的历程

开发提篮桥文化校本课程我们经历了三个阶段：

第一阶段：校本学本开发（2014.1—2016.12）。

"提篮桥文化"校本课程的开发与实践研究最早可追溯到 2014 年，学校以区校合作项目为载体，组建跨学科、跨部门课程开发小组踏上研究之路。从 2014—2016 历时三年完成三册学本的编制。

第二阶段：以市研究课题为引领推进开发与研究工作（2015.9—本成果内容截止）。

2015 年学校成功申报上海市教育科学研究课题《"提篮桥文化"德育校本课程的开发与实践研究》，在课题引领下有序推进各项研究工作。新开发的三本学本以限定拓展课型在六、七、八年级进行课堂教学，老师们积极探索"活教育"理论指导下的"活、真、爱、思"教学法。

2018 年学校成为百所初中"强校"实验校，随着中考改革的施行，校本课程的设置凸显灵活性和学生的自主选择性，限定拓展改为自主拓展，选修年级设为七、八年级，由学生网上自主选课组班，配备具有跨学科能力的教师担任执教。

在四年的开发研究中，课题组积累了大量丰富的教育教学资料和实践经验，2018 年研究成果撰写成《活教育：传承与创新》一书，由广西师范大学出版社出版发行。同年 5 月《提篮方舟与犹太文化》案例拍摄成视频，收录于由虹口区教师进修学院制作的《基于优秀传统文化校本课程实施提升教师育德能力》网络课程，成为"十三五"市级素养类课程，供全市教师网上学习。市级课题 2018 年 12 月完成结题，2019 年 7 月获得结题证书。相关内容如下图所示。

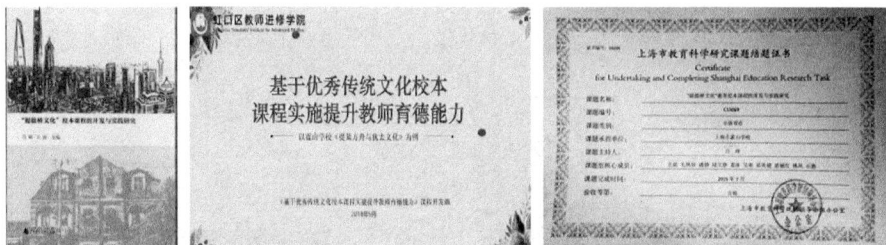

第三阶段：主题实践活动（2015.9—本成果内容截止）。

2015 年开启"提篮桥文化"主题实践活动，结合时代特征、结合综合素质评价改革的教育背景，学校通过对校园周边环境的探究与运用，每学期都开展不同内容的主题实践活动（见表 4.3-1）。以阅读行走活动、专题讲座报告和少年队活动等多种实践形式，让学生认识一个真实的提篮桥，能以身为霍山人、提篮人而骄傲，能真正热爱这片土地，培养学生爱提篮、爱虹口、爱家乡、爱国家的情感和社会责任感，积极探索"活动育人"教育途径。每次活动精心设计方案、实践学习单/研学单、现场活动、交流分享和展示总结。引领学生们走进提篮桥，感受乡土文化之美，亲近自然、关心社会，在实践中走向真善美。学校微信公众号及时发布活动实况，累计阅读量达到 4 872 次（见下图）。其中以鲜活、生动、深刻的乡土文化开展的立体式、浸润式的阅读行走活动，被多家媒体进行宣传报道，受到广泛关注。2021 年"基于'活教育'思想的'阅读行走'学生实践活动品牌之创建"入围全国"立德树人落实机制"优秀案例。

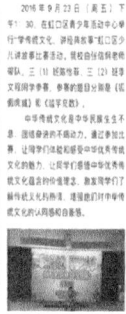

表 4.3-1　主题实践活动一览表

时间	活动名称	组织方/主讲人	活动类型
2015 学年第一学期	书写无私大爱，彰显人性光辉——抗战中的陈鹤琴先生与二战中的汇山路小学	上海市霍山学校	阅读行走活动
2015 学年第二学期	"探寻提篮桥监狱——提篮文化课程系列实践之二"首发仪式	上海市霍山学校	阅读行走活动
2016 学年第一学期	船长带我们走进航海文化	中远海运中海国际首席培训师高级船长胡月祥	专题讲座
2016 学年第二学期	提篮文化　梦回提篮	东方文化配送中心杜洪连老师	专题讲座
2017 学年第一学期	喝彩提篮，共筑新梦	上海市霍山学校	少先队活动

续表

时间	活动名称	组织方/主讲人	活动类型
2017 学年第一学期	学先烈，学做人	提篮桥监狱金牌解说丁老师	专题讲座
2017 学年第二学期	老洋房阅读之旅·行走提篮桥	上海市霍山学校	阅读行走活动
2018 学年第一学期	"国旗下成长"虹口青少年升国旗暨爱国宣讲主题活动	虹口团区委北外滩街道少工委	少先队活动
2018 学年第二学期	秋游参观犹太难民纪念馆	上海市霍山学校	阅读行走活动
2019 学年第一学期	寻访提篮文化·阅读人文经典	上海市霍山学校	阅读行走活动
2019 学年第二学期	塑造上海品格　我讲上海故事	上海市霍山学校	阅读行走活动
2020 学年第一学期	向国旗致敬	北外滩街道上海市霍山学校	少先队活动
2020 学年第二学期	传承"爱与责任"文化品格，弘扬共建命运共同体文明力量	上海市霍山学校	阅读行走活动

下面分别对"提篮桥文化"校本课程和实践活动进行论述。

二、"提篮桥文化"校本课程的开发与实施

本课题开发是指立足于本土文化，培育与践行社会主义核心价值观，开发"提篮桥文化"系列校本课程："提篮方舟与犹太文化""探寻提篮桥监狱""从下海庙走向世界航运中心"。开发内容包括对课程方案、科目方案、学本结构、学本内容等方面的开发和设计。在开发"提篮桥文化"校本课程的建设中，学校鼓励教师自主设计和开发课程，完善课程体系的具体内容，旨在提高教师的课程开发、实践和评价能力，以便有利于教师创新教学手段、完善教学方式、积累并迁移教学经验，促进教师专业发展。经过课程领导小组和专家组、教研组讨论，"提篮桥文化"课程框架体系包含了"提篮方舟与犹太文化""探寻提篮桥监狱"及"从下海庙走向世界航运中心"三个课程目标和框架单元主题。

（一）跨学科课程开发路径

课程开发路径 {跨学科、跨部门组建的课程开发小组 / 实地调研历史遗迹、场馆 / 广泛收集文献、音像、网络资料 / 访问相关人员

（二）步骤流程

组建专业团队 → 整合社区资源 → 收集课程资源 → 选择、确定课程内容 →

设计课程框架体系 → 编制学本目录 → 撰写学本内容

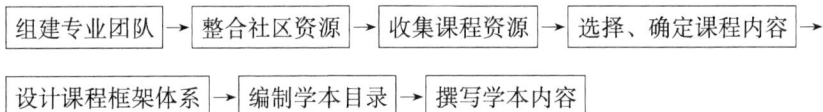

下面以霍山学校开发的"'活教育'思想理念下的'提篮桥文化'"校本课程为例，来说明我们在开发和设计跨学科综合学习课程的路径和步骤。

1.组建专业团队

课程开发小组由校长、书记领衔，教导处、政教处与大队部全程参与，集合语文、政治、历史等多学科一线教师组成高效队伍，力求开发出符合学生身心发展需要的校本课程。

2.整合社区资源

在编写课程的整个过程中，我们多次探访学校周边的历史遗迹、科普场所，充分挖掘区域资源，力求让学生每一次的校外实践都有助于教学目标的完成。

3.收集课程资源

建立课程资源库，除文献资料外，我们还收集了大量的视频资料，仅"提篮方舟与犹太文化"就累计有 57 个相关视频，近 6 000 分钟的影像。

4.选择、确定课程内容

我校选择了提篮桥地区的犹太难民纪念馆、提篮桥监狱、下海庙，编写成三册学本：《提篮方舟与犹太文化》《探寻提篮桥监狱》《从下海庙走向世界航运中心》。

一般来讲，一个课程的开发到设计到实施，是要分步完成的，先要明确项目主题；主题确定后，再通过课题来引领课程和活动的开发和研究工作；随着课程的逐渐完善，需要通过课题发掘一些可利用的实践活动。

5.课程框架体系

"提篮桥文化"课程体系包括三个子课程，表 4.3-2 是这三个子课程的课程目标和框架。

表 4.3-2　"提篮桥文化"课程目标及框架

课程名称		课程目标和课程框架
提篮方舟与犹太文化	课程目标	通过校本课程的编写与实施，结合学校教育目标，培养学生的人文情怀，做现代中国人。 通过了解历史悠久的犹太文化，感受提篮桥的海纳百川，传承国人的大爱精神。学习犹太人民的优秀品格、丰富对世界多元文化的认识，有助于国际视野的形成，以及两个苦难民族对生命的渴望、对美好生活的期盼。
	课程框架	（一）往事·缘起 （二）文化·交汇 （三）友谊·传承
探寻提篮桥监狱	课程目标	通过校本课程的编写与实施，结合学校教育目标，培养学生的人文情怀，做现代中国人。 通过学习、走访、调查等多种方式走近提篮桥监狱，引导学生学习那段沧桑的历史，激发学生颂扬、传承英烈们不屈的精神，启发学生联系自己，着眼当下，培养自己的历史使命感和社会责任感，自觉地把自己的理想抱负与时代、社会发展相结合，培养学生爱国、明志、奉献的优秀品质。
	课程框架	（一）历史由来 （二）抗战文化 （三）红色文化 （四）法治教育
从下海庙走向世界航运中心	课程目标	通过校本课程的编写与实施，结合学校教育目标，培养学生的人文情怀，做现代中国人。 通过学习、走访、调查等多种方式走近下海庙，引导学生学习历史，了解中国庙宇式建筑风格，初步感知博大精深的祈福文化、航运文化。感受上海这座城市海纳百川的城市性格，即上海将建设成为世界航运中心。 培养学生在认识活动中追求真，在意志活动中追求善，在情感活动中追求美。在课程的开发与实践中，培养学生学会学习、实践创新的求真；培养学生与人和睦、责任担当的求善；培养学生健康生活、文化活动的求美。
	课程框架	（一）妈祖文化 （二）祈福文化 （三）航运文化

6. 编制学本目录

"提篮桥文化"校本学本目录主要由单元和课组成。每个单元有一个学习主题，分为若干课。

(1)《提篮方舟与犹太文化》的学本目录

本册课程有 3 个单元，共 10 课（具体参看案例二"提篮方舟与犹太文化"）。

(2)《探寻提篮桥监狱》的学本目录

本册课程有 4 个单元，共 8 课（见表 4.3-3）。

表 4.3-3

（一）历史由来		
第 1 课	国中之国	课文说明： 通过阅读租界地图与《外滩公园园规》，了解近代中国被列强入侵的事实，感受国家主权被侵犯，中国人遭受到不公平待遇。
第 2 课	远东第一监狱	课文说明： 介绍百年监狱的由来和概况。让学生初步了解提篮桥监狱在 1943 年租界交还以前是上海公共租界工部局的华德路监狱，长期由英国管理，俗称"外国监狱""西牢"。这段历史见证了近代中国被列强奴役的历史，通过学习，感受落后就要挨打，培养学生奋进求上的进取心。
第 3 课	为革命而抗争——苏报案	课文说明： 通过阅读章太炎狱中绝食的故事、章太炎与邹容的诗文作品，了解列强入侵背景下，中国文人、学者对时代的认知。
（二）抗战文化		
第 4 课	中国"海牙"	课文说明： 了解国际法中对于战俘的规定，通过各抒己见，发表对芝原平三郎遗言的看法，切实感受到法西斯主义对外扩张的残忍。
（三）红色文化		
第 5 课	视死如归的革命真烈士——王孝和	课文说明： 介绍王孝和烈士的生平，尤其是他追求进步、坚定革命信念、在刑场上坚贞不屈英勇就义的成长轨迹。从小培养，时常重温，学习先烈意在培养学生的历史使命感与社会责任感。
第 6 课	牢房里的红色记忆	课文说明： 了解关押在提篮桥监狱内的其他共产党人，如国务院前副总理、国防部前部长张爱萍将军，中央书记处前书记和中央前秘书长任弼时，铁窗入党的进步青年谢凡生、袁也烈等人的事迹。学生通过网上收集资料、完成任务单、制作电子小报等方法走近革命先烈，体验可歌可泣的革命者的气概和坚定信仰。

续表

（三）红色文化		
第7课	提篮桥监狱大营救	课文说明： 了解一段鲜为人知的历史，上海解放前夕，国民党对上海中共地下党员和爱国民主人士进行疯狂的大逮捕、大屠杀，关押在提篮桥上海监狱里的几十位革命志士危在旦夕，50多位革命同志冲出牢笼，迎接胜利的曙光。让学生重温历史，感悟今天幸福生活的来之不易，珍惜当下。爱国主义教育、社会主义核心价值观的教育，先烈们的事迹就是一个很好载体。
（四）法治教育		
第8课	新生	课文说明： 知道提篮桥监狱改造犯人所采取的新方法。通过三位犯人改造的故事，体会监狱设立的意义，感受犯人在真善美中感悟人生，寻找人生新的方向。

（3）《从下海庙到世界航运中心》的学本目录

本册课程有3个单元，共10课（见表4.3-4）。

表 4.3-4

（一）妈祖文化		
第1课	下海与上海	课文说明： 下海浦的历史变迁。其源于南宋年间开通的下海浦，到后来渐渐淤塞直至最后被填埋。以及上海这座城市从唐代有相对独立的行政区划到如今的发展历程。
第2课	妈祖文化在中国	课文说明： 妈祖信仰的渊源：特殊的环境孕育了妈祖信仰与文化。妈祖女神的原型。妈祖信仰的传播：随着流动的海水，穿梭的船只，从湄洲岛传向一个个海港。
第3课	下海庙与提篮桥	课文说明： 下海庙：下海庙的历史变迁。初建于唐代乾隆年间，最后一次的改建是20世纪80年代。下海庙与提篮桥：提篮桥的发展。提篮桥与下海庙的关系。（提篮桥因下海庙而得名）
（二）祈福文化		
第4课	儒家思想、佛教和道教	课文说明： 本节课从儒家思想、佛教、道教的起源说起，向学生介绍佛道两家的发展史，了解儒家与佛教、儒家与道教之间的密切关系与相互影响。从而让学生了解宗教在人类社会发展中起到的积极与消极作用。

（一）妈祖文化		
第5课	下海庙的建筑特色	课文说明： 本节课从下海庙的建筑风格与特色入手，带领学生了解中国建筑简史，了解各种不同建筑风格的来源与起因。着重介绍下海庙的各个建筑特点，帮助学生了解宗教建筑的美学与寓意。
第6课	中国祈福文化	课文说明： 本节课从介绍"福"字从甲骨文的演变开始，介绍中国人民对幸福的理解与追求及应运而生的祈福文化。从帝王祭天祈地到百姓烧香拜佛，都反映了中华民族从物质到精神的更高层次的追求。
（三）航运文化		
第7课	古老的中国航海梦	课文说明： 中国航海历史悠久。早在距今7000年前的新石器时代晚期，中华民族的祖先已能用火与石斧"刳木为舟，剡木为楫"。本课将重点介绍伟大的中国航海家郑和率领远洋船队，先后七次下西洋，遍访亚非各国的航海盛举。目的是让学生知晓中国古代航海业在整个人类航海史上，竖起了一座永垂史册的丰碑。
第8课	世界航运中心的演变与发展	课文说明： 本课重点介绍全球航运中心发展三大模式和上海航运中心的建设。让学生宏观了解国际航运中心的意义和作用。
第9课	北外滩航运文化与上海的城市文明	课文说明： 北外滩，位于苏州河和黄浦江交汇处，既与老外滩相连，又与陆家嘴金融贸易区相望。这里是上海航运业的发源地，也是上海港重要装卸区之一，无论在过去还是现在，都是上海重要的"水上门户"。本课将重点介绍外白渡桥、上海大厦、马登仓库、耶松船厂等与航运文化相关的地标建筑。目的是让学生了解这些无声的建筑见证了北外滩航运的历史，铭记并传承这份难能可贵的历史记忆是我们每位霍山人的责任。
第10课	"四个中心"的新上海承载着中国梦	课文说明： 上海的"十三五"奋斗目标提出，到2020年基本建成国际经济、金融、贸易、航运中心和社会主义现代化国际大都市。北外滩航运立足高端、凸显实力，本课重点介绍北外滩航运建设的成就，交通、楼宇、绿地、水岸、黄金区位、地下空间等构成中央商务区的要素在开发建设中逐渐变成现实。目的是让学生感受到北外滩在软硬件上的巨变，立志为建设"四个中心"发奋学习。

7. 撰写学本内容

学本内容由单元导言和课文内容组成。学习时，首先阅读每个单元的导言，导言概括了本单元的主要内容，帮助学生从宏观上理解课文。课文选用两种字体表现，宋体大字是课文的主要内容，楷体小字是阅读部分，可以帮助他们扩大视野，进一步理解大字的内容。每篇课文中，配合内容设计了丰富多彩的课内外活动，希望通过这些活动加深学生对这段历史的感悟，让学习变得轻松愉快。

三、"提篮桥文化"主题实践活动的开发与实施

本课题实践是指课堂教学实践和主题实践活动。

1. 课堂教学实践。包括对课程实施方案、科目纲要、单元设计、教学设计、教学方法等方面的设计和研究。

2. 主题实践活动以阅读行走、专题讲座报告、少年队活动等多种形式开展，让学生们走进真实场景、走进提篮桥，丰富学生的学习体验。包括：活动方案、学习单设计、现场实践、活动案例和展示总结等。

在"提篮桥文化"校本课程的开发与实践过程中，注重社会热点与学校教育相结合、国家大事与学校工作相结合，开展了多次大型主题活动。(1)分别以微课展示、少先队活动课展示、阅读行走提篮桥等形式，让学生"做起来"。(2)"阅读·行走"是基于我校创始人陈鹤琴先生"活教育"思想的学生主题实践活动品牌。这一活动，依托学校得天独厚的地域资源、结合综合素质评价改革的教育背景、关注学生的学习体验过程，将主题活动与提篮文化相互融入，将学生实践与问题任务相互衔接，将课内"阅读"与课外"行走"相互勾连，最终促进霍山学子在行走中阅读，在阅读中成长。(3)利用"提篮桥文化"校本课程，为少先队活动注入活水。结合陈鹤琴先生"活教育"思想，落实"做中教，做中学，做中求进步"，通过课堂的衍生、实地考察、小组探究等多种方式，探究校本课程教学多样化模式，力求激发学生学习兴趣、参与热情，让学生"动起来"，提高其学习成效。

(一)"提篮桥文化" 主题实践活动开发路径

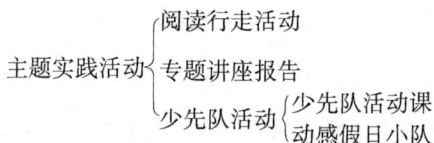

```
                    ┌ 阅读行走活动
主题实践活动 ┤ 专题讲座报告
                    │              ┌ 少先队活动课
                    └ 少先队活动 ┤
                                   └ 动感假日小队
```

（二）"提篮桥文化"校本课程主题实践活动程序

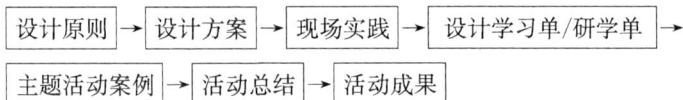

设计原则 → 设计方案 → 现场实践 → 设计学习单/研学单 →

主题活动案例 → 活动总结 → 活动成果

（三）"提篮桥文化"主题实践活动设计方案

"提篮桥文化"主题实践活动，以阅读行走活动、专题讲座报告和少先队活动开展，积极探索"活动育人"的教育途径，始终坚持传承与创新教育家陈鹤琴先生的"活教育"思想，同时结合时代特征、结合综合素质评价改革的教育背景，体现"活"、追求"真"、注重"爱"、突出"思"，让广大霍山师生在主题实践活动中，真正领悟"做中学、做中教、做中求进步"的活教育方法，"大自然、大社会就是活教材"的活教育理念。

1. 阅读行走活动

学校举全力与助力于教育的机构、部门相联合，与形势相结合、与主题德育相结合，在阅读行走活动中结合学校、学生、家长及周围的各种资源，学校政教处制定详细的活动方案，大队部做好活动前的资料收集工作和活动纪律培训，学科老师结合行走路线内容，设计分层分类的学习单、研学单，结束后撰写翔实的活动总结、邀请媒体宣传报道等。明晰的活动流程、精心的活动环节……只为了让霍山的学子能真实地走进自己出生、学习的这片热土，了解提篮桥的前世今生，让提篮文化熠熠生辉，让黄浦江畔朗朗的读书声越传越远。

纪念中国人民抗日战争暨世界反法西斯战争胜利 70 周年

书写无私大爱　彰显人性光辉

——抗战中的陈鹤琴先生与二战中的汇山路小学

铭记历史是为了更好地面向未来。汇山路小学是陈鹤琴先生担任工部局华人教育处处长后在上海所创办的第一所学校，见证了抗战时期陈先生为难民教育四方奔走，保育民族幼苗的大爱精神。而由于抗战中学校校址的临时变迁，闲置的汇山路小学一度成了汇山路收容所，收留了大批躲避法西斯迫害的犹太难民，见证了中国人在抗战危难时期对犹太难民的无私援助。在残酷的战争环境中，陈鹤琴先生与汇山路小学向世人展现的却是人性中的光辉，这种无私、大爱的精神在抗战胜利暨世界反法西斯战争胜利 70 周年的今天更值得铭记与传承。

会议时间：2015 年 9 月 11 日（周五）下午 1：15 开始

会议地点：霍山学校（霍山路 228 号）

出席对象：陈研会领导及相关基地学校、虹口区教育局及兄弟学校、督学、督导、教育学院及相关科室、提篮桥街道、霍山学校师生、家长代表等

主持人：霍山学校党支部书记　吕　晔

活动流程：

时　　　间	内　　　容	人　　　员
13：15—13：30	签到，进入会场	
13：30—14：00	上海抗战时期陈鹤琴与难民教育	上海市陈鹤琴教育思想研究会顾问、陈鹤琴之子陈一心先生
14：00—14：15	发现提篮，书写大爱	上海市霍山学校校长王晨
14：15—14：30	《提篮方舟与犹太文化》教材首发仪式	相关领导
14：30—14：45	犹太难民纪念馆—霍山学校爱国主义教育实践基地揭牌仪式	相关领导
14：45—15：00	校本课程"提篮方舟与犹太文化"微课展示	上海市霍山学校师生
15：00—15：30	上海市陈鹤琴教育思想研究会领导讲话	韦高安常务副会长
	虹口区教育局领导讲话	王新副书记
	提篮桥街道领导讲话	胡军书记
	现代京剧：红梅赞 合唱：歌唱祖国	霍山学校学生

上海市陈鹤琴教育思想研究会

上海市霍山学校

活动总结：

书写无私大爱，彰显人性光辉

——抗战中的陈鹤琴先生与二战中的汇山路小学主题活动总结

今年是中国人民抗日战争暨世界反法西斯战争胜利 70 周年。9 月 11 日，

学校隆重举行了"书写无私大爱，彰显人性光辉——抗战中的陈鹤琴先生与二战中的汇山路小学"的主题活动。

上海市对外友协副会长、上海市陈鹤琴教育思想研究会顾问、陈鹤琴先生之子陈一心先生，上海市陈鹤琴教育思想研究会常务副会长韦高安，上海市陈鹤琴教育思想研究会副会长、上海市陶行知研究协会副会长、上海师范大学陶行知研究中心主任陆建非，虹口区教育局党工委副书记王新和提篮桥街道党工委胡军书记等领导和嘉宾以及霍山学校全体师生、家长代表等出席活动。陈一心先生和王晨校长分别做了题为"上海抗战时期陈鹤琴与难民教育"与"发现提篮，书写大爱"的演讲。分别讲述了抗战时期陈老先生为难民教育四方奔走，保育民族幼苗的大爱精神，以及学校秉承陈鹤琴先生"活教育"理念，深入研究开发"提篮桥文化"系列校本课程。通过《提篮方舟与犹太文化》学习，引导霍山学生学习那段沧桑的历史，培养学生的历史使命感和社会责任感，自觉地把自己的理想抱负与时代、社会发展相结合，践行社会主义核心价值观，具有爱国、文明、平等、公正、友爱、宽容的优秀品质，成为一名"现代中国人"。陈一心先生和嘉宾还为学校校本教材《提篮方舟与犹太文化》进行首发式以及犹太难民纪念馆周晓霞业务主管和王晨校长为犹太难民纪念馆——霍山学校爱国主义教育实践基地揭牌。

在活动中，陆文静老师通过一堂15分钟的精彩微课，用图片、文字、视频等形式让霍山学子了解抗战中的学校创始人陈鹤琴先生、了解校史、了解二战中的汇山路小学。将"抗战中的陈鹤琴先生与二战中的汇山路小学"那段历史情景再现。

教育救国，战火中创立难民学校

1928年，在国家危难之际，陈鹤琴先生受聘担任上海公共租界工部局华人教育处处长。同年，他在汇山路（即现在的霍山路）150号的聂家花园里创办了工部局东区小学（当时也称汇山路小学）并设立幼稚园，这是陈鹤琴先生在上海创办的第一所学校。1933年，为使更多女孩子有受教育的机会，陈鹤琴先生将东区小学改为东区女子小学。上海解放后，改为霍山路小学。2008年，霍山路小学与建江中学合并，成为如今的九年一贯制学校——霍山学校。

无私大爱，彰显人性光辉

1939年，大批德、奥等国犹太难民涌入上海，多个犹太难民中心在上海相继成立，位于汇山路 150 号（汇山路小学）的汇山路收容所便是其中之一，并存在四年之久，这里收留了大批躲避法西斯迫害的犹太难民。在那个特殊时期，为他们在异国他乡找到了较为安全的"庇护所"。此时，正值中国人民抗战最艰苦的时期，上海人民对战争给犹太难民带来的痛苦与创伤感同身受。社会各界及时向犹太难民伸出了无私的援助之手，帮助犹太难民尽快适应在上海的生活。不少上海人还邀请犹太人到家里共度除夕夜，像家人一样地对待他们，彼此守望相助，去迎接战争的胜利，彰显了中国人民纯朴、善良、大爱的品质。在中国人民的帮助下，犹太难民重拾信心，不放弃美好生活的信念，部分人还在上海兴建房屋，开店营业，努力维持生计。

不忘历史，在进取中不断前行

在中国人民抗日战争暨世界反法西斯战争胜利 70 周年之际，学校详细梳理校史，将丰富的地域资源化为课程资源，使其成为学生喜欢的一种教育形式，引导霍山学子了解学校那段沧桑却满含正能量的历史。在残酷的战争环境中，陈鹤琴先生与汇山路小学向世人所展现的是人性的光辉，这种无私、大爱的精神在抗战胜利暨反法西斯战争胜利 70 周年的今天更值得铭记与传承。同时，激发学生弘扬、传承英烈们不屈的抗战精神，培养学生的历史使命感、社会责任感和学生良好的道德品质，践行社会主义核心价值观，做具有大爱精神的现代中国人。

本次活动得到了上海市陈鹤琴思想研究会、虹口区教育局、提篮桥街道的大力支持和高度肯定。陈研会常务副会长韦高安、虹口区教育党工委副书记王新书记和提篮桥街道党委胡军书记分别在会议上讲话。分别说道："看到霍山学校发生可喜的变化，学校继承和发扬陈鹤琴教育思想，赋予学校发展的新内涵，促进学校的可持续发展。并对学校寄予希望。希望霍山学校继续传承和弘扬陈鹤琴'活教育'思想，营造大爱的校园文化氛围，与北外滩共发展，真正成为北外滩地区一所学生喜欢、家长满意、社会认可的家门口的好学校。"

坚定信念，为实现中国梦砥砺奋进

活动最后，霍山学校学生京剧社团以一曲《红梅赞》和全场大合唱《歌唱祖国》结束，凸显霍山浓厚的艺术氛围和对祖国的美好祝愿。学校举办这次纪念活动，通过历史的亲历者深情讲述那段民族的苦难记忆，彰显了一个地区的时代风采，聆听了家门口好学校的精彩演绎。

铭记历史、缅怀先烈、珍爱和平、开创未来。对抗战最好的纪念，就是要把抗战精神化为行动力、坚定信念、团结一心、自强不息，为实现中华民族伟大复兴的中国梦做出自己应有的贡献。学做人，学立志，学创造，霍山学子正用行动努力圆梦中华！

新民晚报（当代教育）介绍本次活动

2. 专题讲座报告

通过互助式和解读式的讲座拓宽队员视野，增强认知水平，让队员再次与提篮文化近距离接触（见表 4.3-5）。让队员们在学习、观看、理解、感悟的同时，用不同的角度去感悟提篮桥的昨天、今天和明天。每次讲座明确参与年级和活动形式，注重讲座后队员间交流分享。以听一听、写一写、说一说、画一画等形式，在同伴互助、分享、合作中获得成长新能量。

表 4.3-5

讲座主题	主讲人	参与年级	活动形式
提篮文化，梦回提篮	东方文化配送中心 杜洪连老师	六年级 优秀干部	撰写心得体会 交流分享
学先烈，学做人	提篮桥监狱金牌解说丁老师	六至八年级	制作法治小报
船长带我们走进航海文化	中远海运中海国际 首席培训师高级船长胡月祥	八年级	撰写心得体会 交流分享

3. 少先队活动

以少先队活动课和动感假日小队形式开展分年级实践活动。充分利用提篮社区的各方资源，让队员有更大更多的社会参与度，在活动中学会有担当、团队合作、自主探索的实践能力及创新精神，从而激发少先队员们爱霍山、爱提篮、爱虹口的人文情感。

少先队员作为该课题的参与主体，大队部多次召集课题核心组成员与我们的队员面对面，共同商讨研究"提篮桥文化"在不同年级的落实途径，他们的大胆创新给予我们课题推进的新动力。在队员的参与下，我们制定了暑期分年级提篮文化实践活动的内容（见表 4.3-6）。

表 4.3-6 暑期分年级提篮文化实践活动表

年　级	重点模块	主要内容
一年级	犹太文化与光荣的校史	《犹太女孩在上海》电影观摩
二年级		《犹太女孩在上海》电影拓展
三年级		三句半：提篮桥文化大家说
四年级	追寻百年监狱	英雄故事讲一讲"学英雄，学做人"
五年级		"霍山学校旧址曾为犹太难民避难所"的微调查
六年级	提篮方舟与犹太文化	"提篮桥文化"课程一的介入
七年级	追寻提篮桥监狱	"提篮桥文化"课程二的介入
八年级	从下海庙走向世界航运中心	"提篮桥文化"课程三的介入
九年级	我爱提篮，我爱虹口	雏鹰假日小队，小小职业体验

少先队活动充分利用多渠道助力"提篮桥文化"校本课程的推进实施。每个活动都有明确的主题、活动时间、活动形式、活动成果和分享形式。霍

山的每一位队员，在不同年级时段都会对提篮文化的学习与实践活动有不同的侧重点，由浅入深，让队员能在这个长期的"提篮文化"探索之旅中，培养合作的态度、服务的意识，在感受北外滩日新月异的变化后，能用世界的眼光感知提篮文化，从而爱虹口爱上海（见表4.3-7、4.3-8）。

表 4.3-7　少先队活动课实施形式

活动方式	少先队活动课					
活动类型	普法类、诵读类、时事类、乡土类等					
活动主题	不忘历史 开创未来	提篮文化 宣讲团	歌唱祖国 共庆华诞	国旗下 成长	梦回 提篮	书香润校园 诵读触心灵
	学传统文化， 讲经典故事	喜迎十九大，我向 习爷爷说说心里话		一脉承两岸 同心共筑中国梦		走进提篮桥， 走进北外滩
活动组织	市区少先队、团工委 上海市霍山学校大队部					
活动年级	全校或分年级举行					
活动时间	少先队活动课或另行安排					
活动形式	伙伴手牵手 红绿领巾手牵手					
活动成果	活动方案、活动小结、主持稿、活动资料包等 （交流文章、活动小报、PPT、活动照片或视频等）					
分享形式	升旗仪式、班级板报、校园宣传栏、主题队会、红领巾广播、 微信公众号推送					

表 4.3-8　动感假日小队活动形式

活动方式	动感假日小队					
活动主题	缤纷小队点 亮寒假生活	文化引导 心灵碰撞	参观犹太 难民纪念馆	志愿服务 在行动	学四史 寻初心	走近 提篮桥
活动年级	全校	六至八年级	四至八年级	全校	六至九年级	全校
活动时间	节假日 寒暑假					
活动形式	伙伴手牵手 亲子手牵手					
活动成果	活动方案、活动小结、参观感悟、活动学习单、活动照片或视频					
分享形式	升旗仪式、校园板报、主题班会、红领巾广播、微信公众号推送					

（四）主题活动现场实践

学校秉承陈鹤琴先生的"活教育"理念，积极倡导每位霍山学子从书本和生活中汲取智慧和养料，让学生们读万卷书，行万里路，在与自然、与社会、与博大精深的提篮桥文化的直接触摸中，获取知识与经验，陶冶兴趣与情操，促进思维发展，提升素养水平，最终成长为具有家国情怀、社会责任、法治意识、创新精神和实践能力的精雅学生。我校"阅读·行走"学生主题实践活动品牌符合我校校情与学情，体现"活"、追求"真"、注重"爱"、突出"思"，既是对我校创始人陈鹤琴先生"活教育"思想的传承与创新，也是我校"提篮桥文化"校本课程开发与实践的内涵挖掘与继续推进。

1. 开启"阅读·行走"之旅程

"阅读·行走"学生主题实践活动品牌的灵感来源于 2018 年 5 月由上海市霍山学校、上海图书馆、《新民晚报》（社区版）联合共青团上海市委员会共同主办的 2018"阅读小明星"评选活动启动仪式暨"老洋房阅读之旅·行走提篮桥"活动。在此次主题实践活动中，学生们边读、边走、边看，通过书籍阅读与实地走访相结合的方式，进一步感知和了解提篮文化的"大爱"精神，激发了广大霍山学子对我校创始人陈鹤琴先生的崇敬与爱戴，更培养了霍山学子喜爱读书、快乐阅读的好习惯，鼓励更多的学生参与到更健康、更快乐的阅读中来，这也与团市委倡导的"深阅读、雅志趣、简生活、乐运动、爱公益"的理念不谋而合。这样的开启仪式也让霍山学子深深懂得"敬慕书籍，热爱阅读"的道理，并在开阔的视野中升起作为霍山学子的自豪感与自信心。

2. 丰满"阅读·行走"活动内容

在"寻访提篮文化·阅读人文经典"的"阅读·行走"系列主题实践活动中，同学们在建投书局沉浸书香，感受知识与书本魅力；参观主题为"昨天、今天和明天"的展览，在此过程中更清晰地了解到提篮桥的昨天和今天，领略环境生态之美，感受提篮桥的变迁，激发对提篮桥文化的热爱。本次主题实践活动，我们在设计上做了更多的思考，并融入了课程的意识，首次引入学习单的概念，探索出在学生实践活动与课内学习上相互联通的途径。

"向国旗致敬"的"阅读·行走"系列主题实践活动，在虹口消防救援支队北外滩消防站开展。作为本次活动的承办单位，学校十分重视这项活动。霍山学子们也不负众望，非常出色地完成了本次的升、护旗任务，我校弘扬传统文化的三句半社团还有幸在国旗下带来"回顾庚子年，展望新一年"的精彩宣讲，展现了霍山学子的蓬勃朝气。本次活动，我们又尝试着在家庭教育指导与学生主题实践活动中建立关联，让"阅读·行走"主题实践活动成为一次良好的亲子互动机会，既为学生成长服务，也为家庭教育指导服务。

以"传承'爱与责任'文化品格，弘扬共建命运共同体文明力量"为主题的系列主题实践活动，让霍山学子在阅读与行走中，读懂了我校创始人陈鹤琴先生的教育思想，传承了"爱与责任"文化品格。同时，通过对"犹太难民纪念馆"红色场馆资源的行走、舟山路建筑群以及霍山公园的实地走访，了解上海人民对犹太难民的无私大爱，弘扬了共建命运共同体的文明力量。活动中，我们还让霍山学子担任小小讲解员，为促进学生的成长搭建锻炼的平台。

3. 拓展"阅读·行走"活动内涵

我校是上海市家庭教育示范校，构建家校合力育人的良好局面一直是我们努力追求的目标，这几年在不断夯实我校"父亲联盟"家庭教育的特色品牌基础上，也尝试着在家庭教育指导与学生主题实践活动中建立关联，让"阅读·行走"主题实践活动成为一次次良好的亲子互动机会，既为学生成长服务，也为家庭教育指导服务。一次次的实践证明确实很有成效。

如在"向国旗致敬"的"阅读·行走"系列主题实践活动中，家长志愿者也纷纷表示活动意义重大，如此隆重的活动让他们重温了自己的学生时代，感慨万千。在 2020 年暑期"云游场馆＋静享书香·厚植家国情怀"的"阅读·行走"系列主题实践活动中，霍山的家长们加入了孩子的"阅读·行走"活动之中，与霍山学子共读书籍，共游场馆，共同成长。让家庭书香萦绕，让校园书香四溢，充分发挥家、校、社协同育人机制。

以学生主题实践活动为平台，邀请家长志愿者们参与，是我们对"阅读·行走"学生实践活动品牌内涵的不断拓展与挖掘，当然也是我校在家庭教育指导上做出的新的尝试与探索。所谓身教大于言传，家长们与孩子们共同参与活动，这既是一个很好的亲子沟通、亲子互动的机会，也是一次提升家长们自身素质与家庭教育能力的学习机会，最为重要的是家长以身作则的示范作用为孩子们的成长注入了强大的力量。孩子的成长离不开学校，更离不开父母，只有在良好的家校合力育人的环境下，我们的孩子才能更好地茁壮成长。我校"阅读·行走"系列学生实践活动在不断发展与夯实中，实现了与家庭教育指导的联通，成就了一条家庭教育指导的新途径。

4. 设计学习单/研学单

在"阅读·行走"主题实践活动中，从活生生的社会生活资源中挖掘教育的素材与契机，这正是对我校创始人陈鹤琴先生所说的"大自然、大社会就是活教材""做中学、做中教、做中求进步"的"活教育"思想的传承与践行。为了更好地实现学科知识与学生实践活动之间的相互勾连，有序推进学校综合素质评价工作，将学生实践活动内容与育人目标、课程建设相结合，融入学科知识的学生实践活动"学习单"便应运而生。

所谓学生主题实践活动"学习单"是将实践活动与学习任务或问题挂钩，让学生带着学习问题与任务来参与"阅读·行走"主题实践活动，通过自主探究和小组合作等方式来解决问题，激发学生在层次丰富、内涵深厚的开放式学习环境下的学习兴趣和探究潜能，培养学生主动体验与自主探究的兴趣，形成解决问题的技能和自主学习的能力，并在自主、交流与合作中提升口头与书面表达能力，全面提升学科素养和综合素质。

随着"阅读·行走"主题活动的不断推进，我们的主题实践活动"学习单"也在悄然发生着蜕变。

变化一：简单学习单发展为有一定思维要求的复杂学习单

初期的学习单只有单一的填空形式。如我们在"寻访提篮文化·阅读人文经典"的"阅读·行走"系列主题实践活动中启用的学习单为：

寻访提篮文化·阅读人文经典

学习单

在滨江大道找到相关照片，并填写完整：

（1）1922 年初，向警予（1895—1928）从法国回到上海，1924 年，向警予组织领导_____等 14 家丝厂工人罢工。1925 年 3 月，向警予在_____召开的女国民大会上发表演讲。

（2）1887 年宋庆龄（1893—1981）之父宋嘉树在_____处买地造房，并在这里养育了宋庆龄等六名子女。图为 1933 年 9 月宋庆龄（左）到东大名路码头迎接参加_____大会的代表。

（3）澄衷蒙学堂位于今唐山路 417 号处。1899 年"五金大王"_____出资在此创办_____，是中国私人创办最早的近代学堂。图为_____的教学楼。

（4）商务印书馆虹口分店位于_____。1897 年 2 月，夏瑞芳等人在上海江西路德昌里创办商务印书馆，标志着_____的开始。图为 20 世纪 40 年代的商务印书馆虹口分店。

在"传承'爱与责任'文化品格，弘扬共建命运共同体文明力量"系列主题实践活动中，我们设计的学习单在思维含量上已经发生了质的变化。从要求学生在实践活动中寻找答案的层面，提升为要求学生在实践活动中提炼自己的感想与思考。

传承"爱与责任"文化品格，弘扬共建命运共同体文明力量

【参观学习单】

1. 纪念馆中有许多犹太难民幸存者及其后代捐赠的物品，你能不能试着为每件物品寻觅它的主人或保管者？

```
┌─── 连连看 ───────────────────┐
│                               │
│  绣有百合花的婚纱    卡尔夫妇/林道志先生 │
│                               │
│  版画作画工具        贝蒂          │
│                               │
│  手袋               约瑟夫        │
│                               │
│  木质独轮车玩具      大卫·布鲁赫    │
│                               │
│  1 600 多册书籍      金老先生      │
│                               │
└───────────────────────────────┘
```

2. 打卡任务：霍山学校的前身就是当时收容犹太难民的汇山路收容所。在场馆中也有不少关于下图的信息（提示：触摸屏、照片墙），请你在场馆中找到并了解它的历史。

上海工部局东区女子小学校舍之一部
（前身：汇山路收容所）

（1）你找到了左图几次？分别在哪里发现的？

_____

_____

（2）作为霍山学子，请你谈谈对这段光荣校史的看法。

_____

_____

_____

_____

3. 在帮助犹太难民的时期，正值中国艰难的抗战岁月，中国人依然伸出了援助之手。参观完本馆，令你印象最深的故事是什么？你有什么感想感情吗？

变化二：开发出基于学习单的研学单

在后来的"阅读·行走"主题实践活动中，我们在"如何能让学生们成为'阅读·行走'主题实践活动中的探寻者、研究者，将活动真正变成一场研学之旅"这个问题上又做了更多的思考。至此，我们的"阅读·行走"主题实践活动开发的课程意识已经更加强烈和完善，我们力推在活动中"以问题推进，以学生为本，聚焦学生的主动学习"。将学习单演变为研学单，将活动变成一场研学之旅，这也与陈鹤琴先生"活教育"思想中的"做中学、做中教、做中求进步"的方法论是一脉相承的。

传承"爱与责任"文化品格，弘扬共建命运共同体文明力量

【参观研学单】

1. 打卡任务：霍山学校的前身就是当时收容犹太难民的汇山路收容所。在场馆中也有不少关于下图的信息（提示：触摸屏、照片墙），请你在场馆中找到并了解它的历史。

上海工部局东区女子小学校舍之一部
（前身：汇山路收容所）

（1）你找到了左图几次？分别在哪里发现的？

_____

_____

（2）作为霍山学子，请你谈谈对这段光荣校史的看法。

_____

_____

_____

2. 在帮助犹太难民的时期，正值中国艰难的抗战岁月，中国人依然伸出了援助之手。参观完本馆，令你印象最深的故事是什么？

3. 在场馆的广场上有这样一面国旗墙，插满了来这里学习参观的来宾国家的国旗，场馆中大量珍贵史料文物，也生动诠释了"共同构建人类命运共同体"的理念，请你谈谈你所理解的"人类命运共同体"。

变化三：基于不同学段学生思维水平的差异，学习单有了分年级的意识

在后期学习单的开发上，我们还关注了不同学段学生思维水平的差异，关注不同学段孩子的认知与学习基础，尊重不同年龄阶段的孩子对同一个课程资源的领悟能力有梯度的表现，在学习单、研学单的设计上体现了分层分类的特点。力求更好地促进学生的主动学习，促进社会实践活动与课堂教学的深度融合，从而实现学与教的创新。这当然更是体现了对学生思维成长规律的尊重，体现了我校一切为了学生的发展，尊重教育规律的办学宗旨，更是对陈鹤琴老先生"活教育"思想的深度领悟与实践。比如在"传承'爱与责任'文化品格，弘扬共建命运共同体文明力量"之"阅读·行走"系列主题实践活动中，我们分别设计了低年级、中年级和高年级三份学习单或研学单。

第五章　跨学科综合学习活动案例分享

我们在进行跨学科综合学习活动中，老师们踊跃参加，涌现了一批优秀的建设校本课程教学案例和实践活动，如霍山学校潘静老师开发的校本课程"提篮方舟与犹太文化"、迅行中学卞文文老师设计的创新校本课程"追寻鲁迅先生的足迹——创建弘扬鲁迅'立人'精神主题创新实验室"、霍山学校周芝老师设计的"梅兰芳与中国京剧"及江湾初级中学徐纪恩设计的智慧型课程"植物梦工场——'校园绿化设计'"。综合性学习活动如霍山学校朱坤老师设计的"校园植物大调查"、朱丽君老师的"空中生态园"及朱燕青等老师设计的"巧折生态光源世界"、吕典玮设计的"走近蚂蚁森林"等。这些优秀的课程和活动内容包罗万象，涵盖人文、艺术、绿色生态及创新实验等。特别的是"追寻鲁迅先生的足迹——创建弘扬鲁迅'立人'精神主题创新实验室""提篮方舟与犹太文化"被列入了校本课程。现将这些优秀的跨学科综合学习的案例教学分享给大家，以期对正在进行跨学科综合学习教学的广大一线老师起到示范作用。

案例一　追寻鲁迅先生的足迹——创建弘扬
鲁迅"立人"　精神主题创新实验室

一、课程的背景

"鲁迅的作品，是永远给予我们智慧和力量的思想宝库"，"鲁迅精神是中华民族精神的结晶"，我们今天纪念鲁迅、学习鲁迅，就是要像他那样，以彻底的爱国主义精神，追求进步，追求真理，朝着先进文化的前进方向不懈奋斗！他敢于求真求证的精神及动手动脑的实践精神，是值得师生共同学习、践行和传播的。作为一所用鲁迅先生笔名命名的民办中学——迅行中学，为了更好地继承和弘扬鲁迅"立人"精神，培育"迅行人"，对学校而言，最有效的途径，就是通过基础型、拓展型、探究型三类课程的校本课程化建设，帮助学生认识鲁迅，理解传承鲁迅"立人"精神的意义。

二、 本课程的目的

为了弘扬鲁迅"立人"精神，课题组充分利用学校的优势资源，带领学生在阅读鲁迅作品的基础上，创建了弘扬鲁迅精神的主题创新实验室。学生通过阅读鲁迅先生的作品，沿着鲁迅先生的足迹，慢慢走近鲁迅先生，跟随鲁迅先生生活、学习过的地方，了解其思想形成的轨迹，使自己成为品行正、体魄健、学力优的社会有用之才。

三、 课程涉及的学科、年级及课时

本课程涉及的学科有语文、历史、美术、物理、化学、信息、音乐、舞蹈、生物、地理、心理等。主要针对的对象为六年级的同学，预计 14 个课时。

四、 课程总体框架

本课程教学过程按照鲁迅走过的时间轨迹分为 5 个单元共 14 个课时，具体包括"难忘家乡""南京求学""东瀛时光""教师生涯"及"作家生涯"。现将课程总体框架罗列如下：

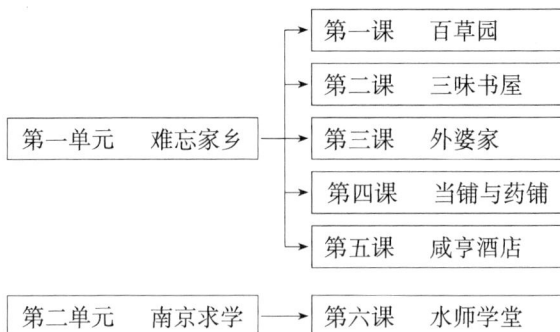

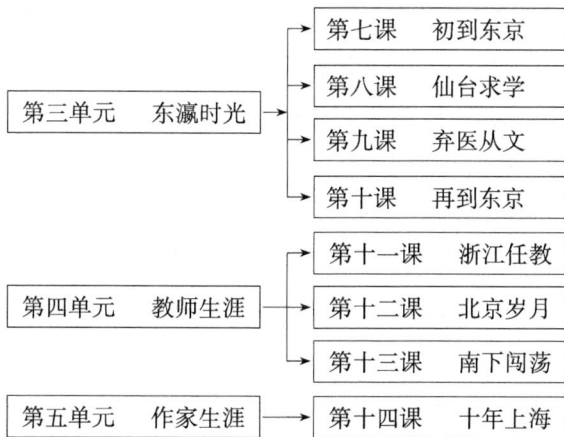

```
                                    ┌──→ 第七课    初到东京
                                    │
                                    ├──→ 第八课    仙台求学
第三单元    东瀛时光  ──────────┤
                                    ├──→ 第九课    弃医从文
                                    │
                                    └──→ 第十课    再到东京

                                    ┌──→ 第十一课    浙江任教
                                    │
第四单元    教师生涯  ──────────┼──→ 第十二课    北京岁月
                                    │
                                    └──→ 第十三课    南下闯荡

第五单元    作家生涯  ──────────────→ 第十四课    十年上海
```

五、 教学过程

本课程共有 5 个单元 14 个课时，现以第一单元《难忘家乡》的前两课为例，来讲解我们的教学过程。

第一单元　难忘家乡

鲁迅笔下早期描述最多的意象就是故乡了。如"少年闰土""故乡""祥林嫂""社戏"等，都充满着对故乡的怀念。其中六年级课本上册的《从百草园到三味书屋》就是鲁迅对家乡、对童年美好生活的回忆。下面分两个课时来讲解这篇文章。

第一课　百草园

（一）本课时主要内容

本课程学习的主要内容是让学生通过阅读《从百草园到三味书屋》，了解鲁迅的童年生活，并认识书中所提到的动植物。

本课时主要分为四个部分：一是老师提前让学生阅读《从百草园到三味书屋》，初步了解鲁迅生活的时代；二是通过互联网查找书中所出现的有关动植物，并收集好资料，留待上课时用；三是老师带领学生考察自然博物馆，进一步认识书中的这些动植物；四是学生制作植物标本或捕鸟器等。

（二）本课时教学目标

该课程旨在建构人文历史学科、自然学科的跨学科综合学习的课程体系，培养学生的规则意识：师生共同研读鲁迅作品——《从百草园到三味书屋》，发现课题。学生在老师指导下，按照计划，分工合作完成任务。师生共同学习、践行、传播鲁迅精神，体会作品中所蕴含的意义。师生共同学习鲁迅先生的求真求证精神及动手动脑的实践精神。

1. 让学生通过提前阅读，了解鲁迅的童年生活与我们有哪些不同，了解当时的儿童是如何学习和生活的。

2. 学生通过提前阅读、上网收集资料、走访中药店等，了解书中所提到的动植物的资料，对这些动植物形成感性认识，锻炼学生的信息收集能力。

3. 学生实地探究书中所提到的动植物，了解这些动植物的形态和生存，锻炼学生的观察能力。

4. 让学生采集植物，做成植物标本。

（三）本课时的结构框架

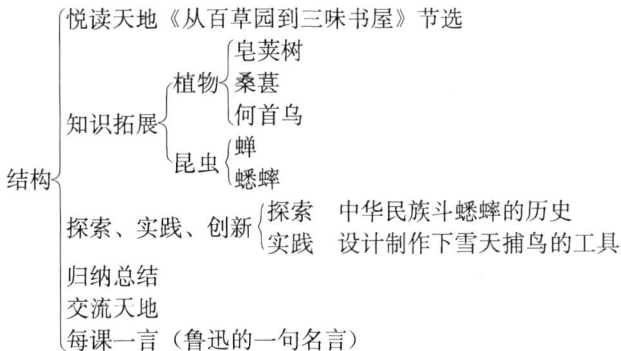

```
        ┌ 悦读天地《从百草园到三味书屋》节选
        │                    ┌ 皂荚树
        │            ┌ 植物 ┤ 桑葚
        │            │      └ 何首乌
        │   知识拓展 ┤      ┌ 蝉
        │            └ 昆虫 ┤
结构 ┤                     └ 蟋蟀
        │                    ┌ 探索　中华民族斗蟋蟀的历史
        │   探索、实践、创新 ┤
        │                    └ 实践　设计制作下雪天捕鸟的工具
        │   归纳总结
        │   交流天地
        └ 每课一言（鲁迅的一句名言）
```

（四）教学环节和过程

1. 导入（问题式导入，引发学生兴趣）

为什么百草园是作者的乐园？文中描述何首乌根像人形，吃了便可以成仙，是真的吗？……

2. 认识书中的植物

① 认识何首乌等，了解何首乌名称的由来。

（老师带领学生通过网上查找资料、走访中药店等，让学生认识何首乌。）

② 认识皂荚树、桑葚及其用途等。（如附图所示）

皂荚树

（通过上网查找资料，了解到皂荚树结出的皂荚果可用于制作药品、化妆品、保健品及洗涤用品等。桑葚浑身都是宝，桑树叶子可以养蚕，桑葚是一种水果，成熟时采收，去杂质，可晒干或略蒸后晒干食用。）

3. 认识书中的动物

在生机勃勃的虫鸟园里，学生观看各种虫鸟图片，了解它们的特点，了解哪些是益虫、哪些是害虫，了解蜈蚣、斑蝥等的药用价值，了解斗蟋蟀的历史。学生对神秘的大自然产生了浓厚的兴趣，激发了探索大自然的强烈愿望。

（教师提前准备相关图片和视频，课中让学生快速观看，认识百草园里的动物，并了解它们的习性。）

4. 了解斗蟋蟀的历史

蟋蟀

城市里的学生现在很少见过斗蟋蟀，其实斗蟋蟀在我国有着悠久的历史……

（老师可提前准备斗蟋蟀的资料和图片、视频，如上图所示。）

5. 实践探索

① 我们学校也有很多绿化地带，大家也试着来寻找这片乐园里的生物吧。

② 探索中国民间斗蟋蟀的历史，为什么要斗蟋蟀？

③ 探索井的历史及与井有关的成语典故。

④ 动手设计制作下雪天捕鸟的工具，实验一下绳子系在上、中、下哪个位置，用同样的力，棒头倒下的速度最快。延伸到各类捕害器的设计。

⑤ 演一演：夜间的百草园。

6. 课后作业

制作完成图画"百草图"。完成作业的时间为30分钟。

7. 归纳总结

百草园是鲁迅先生儿时的乐园，美丽的自然园地，孕育了少年鲁迅对大自然的无限热爱，也为鲁迅先生以后的写作提供了素材。从中我们看到少年鲁迅在百草园里的求真、探索、好奇等精神。想让学生走近鲁迅先生并非易事，生活在当今大上海的学生和鲁迅先生相距实在太远。在拓展课、探究课、社团活动课上对新进来的学生进行调查，发现愿意走近鲁迅先生的学生不到百分之十。我想以"同龄人的喜好——玩"来拉近学生与鲁迅先生的距离。于是，快乐的"百草园"诞生了：观看动画版百草园视频；模拟制作还原百草园，并和学生一起走进模拟百草园；展示百草园里各种植物的图片，教学生识别这些植物；开辟校园一角，种植物并了解它们的生长特征，说说有没有自己喜欢的植物。学生对植物特别感兴趣，因为有的好吃，有的药食同源，有的具有观赏价值。

8. 交流天地

你喜欢百草园吗？你的欢乐天地是什么呢？你有过夜间听见有人叫自己名字（实际上却没人叫）的经历吗？这是为什么？

9. 聚沙成塔——每课一言

时间就像海绵里的水，只要愿挤，总还是有的。

第二课　三味书屋

（一）本课时主要内容

本课时主要通过仔细阅读鲁迅作品《从百草园到三味书屋》中有关"三味书屋"的内容，了解鲁迅学习时的场景。

　　本课时主要分为四个部分：一是在阅读《从百草园到三味书屋》之百草园的基础上，初步了解中国的私塾教育；二是通过互联网查找书中出现的有关人物，如寿镜吾、东方朔，及鲁迅当时所读书籍，如《荡寇志》（又名《结水浒传》）、《西游记》（又名《西游释厄传》）等；三是了解"三味书屋"名称的由来及其他一些典故等；四是折蜡梅花、寻蝉蜕、捉苍蝇、喂蚂蚁等。

　　（二）本课时教学目标

　　该课程旨在建构人文历史学科、自然学科的跨学科综合学习的课程体系，培养学生的规则意识：师生共同研读鲁迅作品——《从百草园到三味书屋》，发现课题。学生在老师指导下，按照计划，分工合作完成任务。师生共同学习、践行、传播鲁迅精神，体会作品中所蕴含的意义。师生共同学习鲁迅先生的求真求证精神及动手动脑的实践精神。

　　1. 让学生通过提前阅读，了解古代的私塾与我们现在读书有哪些不同，了解当时的儿童是如何学习的，增强同学们的对比分析能力。

　　2. 学生通过提前阅读、上网查找资料等，了解书中所提到的人名和小说名，说说对这些人名和书名我们是否熟悉，锻炼学生的信息收集能力。

　　3. 学生可进一步了解蜡梅花、蝉蜕、苍蝇、蚂蚁等，有条件的同学可开展折蜡梅花、寻蝉蜕、捉苍蝇、喂蚂蚁等活动，锻炼学生的观察能力和动手能力。

　　（三）本课时的结构框架

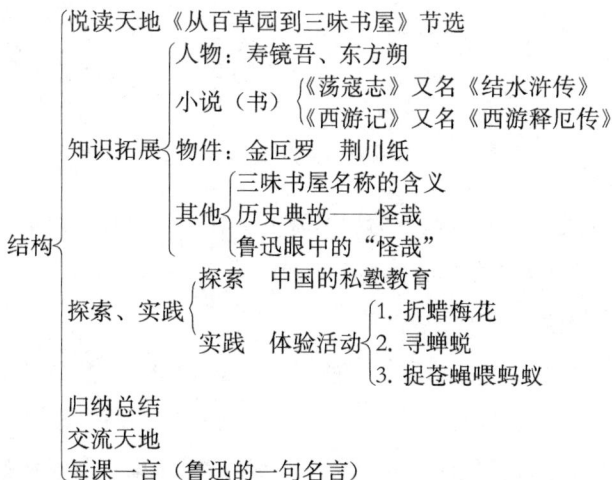

```
        ┌ 悦读天地《从百草园到三味书屋》节选
        │         ┌ 人物：寿镜吾、东方朔
        │         │           ┌《荡寇志》又名《结水浒传》
        │         │ 小说（书）┤
        │         │           └《西游记》又名《西游释厄传》
        │ 知识拓展┤ 物件：金叵罗　荆川纸
        │         │      ┌ 三味书屋名称的含义
        │         └ 其他 ┤ 历史典故——怪哉
结构 ┤                └ 鲁迅眼中的"怪哉"
        │              ┌ 探索　中国的私塾教育
        │ 探索、实践 ┤              ┌ 1. 折蜡梅花
        │              └ 实践　体验活动┤ 2. 寻蝉蜕
        │                               └ 3. 捉苍蝇喂蚂蚁
        │ 归纳总结
        │ 交流天地
        └ 每课一言（鲁迅的一句名言）
```

（四）教学环节和过程

1. 导入（问题式导入，引发学生兴趣）

鲁迅为什么称他读书的地方叫"三味书屋"，它真的有三味吗？如果有，是哪三味呢？……

2. 了解三味书屋的由来及坐落的地点

"三味书屋"原名"三余书屋"。"三余"：冬者岁之余，夜者日之余，阴雨者晴之余。"三味"：读书之为太羹，史为折俎，子为醯醢（xī hǎi）。三味书屋是晚清绍兴府城内著名私塾，位于都昌坊口 11 号。三味书屋是三开间的小花厅，本是寿家的书房。坐东朝西，北临小河，与周家老台门隔河相望。鲁迅 12 岁至 17 岁时在此求学。

（通过上网查找三味书屋的由来，了解中国文化的博大精深。）

3. 了解文中出现的人名、典故、书名

① 寿镜吾及东方朔（如附图所示）

寿镜吾　　　　　　　　　　　东方朔

（鲁迅先生为什么称寿镜吾为"本城中极方正、质朴、博学的人"？上网查找资料，了解历史人物东方朔的生平。）

② 了解历史典故——怪哉

"怪哉"的意思是"稀奇啊"。这一传说见《太平广记》卷四七三引《东方朔传》。据说，汉武帝有一次到甘泉宫去，在路上看到一种虫子，是红色的，头、眼睛、牙齿、耳朵、鼻子都有，（但）随从都不知道那是什么东西。

（于是）汉武帝就把东方朔叫来，叫他辨认（这是什么），东方朔回答："这虫名叫'怪哉'。（因为）从前秦朝时关押无辜，平民百姓都愁怨不已，仰首叹息道：'怪哉！怪哉！'百姓的叹息感动了上天，上天愤怒了，就生出了这种虫子，它名叫'怪哉'。此地必定是秦朝的监狱所在的地方。"汉武帝就叫人查对地图，果然（是这样）。汉武帝又问："那怎么除去这种虫子呢？"东方朔回答："凡是忧愁得酒就解，所以用酒灌这种虫子，它就会消亡。"于是汉武帝叫人把怪哉虫放在酒中，一会儿，虫子果然消失了。

（教师和学生提前准备相关资料，课中可让学生讲解"怪哉"这则典故的来历。）

③ 了解金叵罗、铁如意、荆川纸

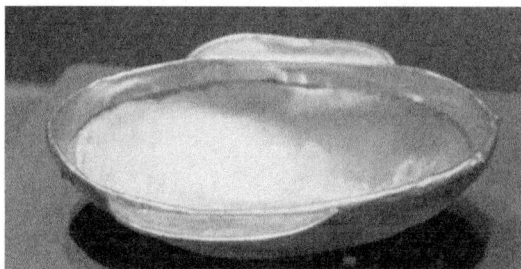

金叵罗

金叵罗为制酒器（见上图），同学们可能在博物馆等地方见过这个物件，文中金叵罗指的就是金制的口大扁形的酒杯。

铁如意是一种挠痒工具，荆川纸为一种竹子制成的纸，可以用于蒙在绣像上描。

（老师可提前准备金叵罗、铁如意、荆川纸的资料和图片、视频，并介绍金叵罗。）

④《荡寇志》《西游记》

《荡寇志》又名《结水浒传》，老师介绍这本书的基本情况和名称的由来。

4. 实践探索

① 探索中国的私塾教育

② 体验在三味书屋后面园子里的活动，如折蜡梅花、寻蝉蜕、捉苍蝇喂蚂蚁。

5. 归纳总结

三味书屋的生活、学习对少年鲁迅的影响很大。我们从作者对三味书屋生活的描写中，不难发现字里行间洋溢着快乐的情趣。从"黑油的竹门"、大匾等陈设，从那没有孔子牌位的拜孔子仪式，从同窗趁先生读书入神时溜到三味书屋后的小花园"折腊梅""寻蝉蜕"到人声鼎沸的课堂，自得其乐的老先生，颇有些成绩的绣像，飞速进步的"对课"，处处洋溢着一种成年人回顾往事的乐趣，时时流露出新奇天真和快乐的情趣。因此，纵然是森严的三味书屋，也是作者美好生活的一部分，洋溢着作者当时的童真童趣，而不是一种束缚。

6. 交流天地

说说你对私塾教育和你参加的补习班的看法。你觉得鲁迅对三味书屋有着怎样的感情？三味书屋对鲁迅先生的影响如何？

7. 聚沙成塔——每课一言

我好像是一只牛，吃的是草，挤出的是牛奶、血。

以上，我们仅仅展示了"踏着鲁迅先生的足迹"校本课程的第一单元的两个课时，由于篇幅关系，其他12节课时这里将不再说明。

六、 成果展示

（一）编写校本读本

从2000年开始，我们尝试开发弘扬鲁迅精神的课程资源。当时的想法是，在鲁迅先生的文章中，将记载他成长历程的部分，按时间顺序，用一根时间线串起来。我和历届学生探讨，认为编写校本读本，可以实现我们的这一想法。从校本读本的名称，到每一单元、每一课的标题，经过师生共同摸索、研讨，渐渐地有了整体的框架，这就是呈现在我们面前的校本读本——《踏着鲁迅先生的足迹》，该课程也是虹口区团工委第一期的青年项目，目前已经结题。

（二）开发、设计鲁迅公园

2009年后，因多年在拓展课上一直和学生、家长探讨鲁迅精神，所以我很想把我们探讨的内容呈现出来。因此，我们把目光投向鲁迅公园的开发设计，把校本读本内容延伸到鲁迅公园的开发，从而使鲁迅公园成为知识、趣味、实践体验为一体的主题公园，让更多人能沐浴到鲁迅精神。这个设计方案曾受到领导的极大关注，但鲁迅公园改造最终没有采用我们的设计方案。

多方力量介入研究鲁迅公园改造方案，使我们的研究向前大大推进了一步。

（三）设计、创建"弘扬鲁迅精神的创新实验室"

创新实验室，用于课堂教学、课外活动、实践创新，使用已完成的校本读本——《踏着鲁迅先生的足迹》，探索语文、历史、美术、物理、化学、信息、音乐、舞蹈、生物、地理、心理等跨学科共同实施弘扬鲁迅精神的课程资源，各学科从本学科育人目标出发，实施、修改、完善校本读本。为此，我们聘请了专家团队。目前室内实验室已经完工，现命名为"迅行学生社团活动"。室内有富有创意的鲁迅文化元素，如百草园、三味书屋、高大的皂荚树等，使师生身临其境。另外，部分学科可以在此落实教育教学及实践活动。

（四）多方力量探索开发弘扬鲁迅精神

探索由专家、校友、家长等协同开发鲁迅精神课程资源的新途径。2015年开始，专家团队对我校的各项活动给予指导帮助。汤立宏老师（虹口区教师进修学院）对鲁迅文化课程建设方面通过区校合作项目给予指导，推动了我们的"立人"课程的开发；邵骥顺教授在校本课程实施方面给予指点，促进了校本的修改完善；王锡荣老师（现鲁迅文化研究中心主任）对鲁迅文化研究中出现的困惑给予解答；上海昆虫博物馆馆长对鲁迅笔下的昆虫习性给予讲解；上海鲁迅公园园长、副园长对鲁迅笔下的植物生长给予讲解等。2014年开始，校友们（鲁迅精神的践行者、传播者）成为弘扬鲁迅精神的中流砥柱，他们离开了迅行后，在自己所在学校突出的表现及对迅行母校学弟学妹的帮助，证明了鲁迅精神的强大生命力。2017年开始，家长资源源源不断地注入我们的实践活动和各类比赛活动中，特别是2019年充分利用强大的家长资源，帮助我校在2019年环球自然日比赛、中学生微课题比赛、全能脑力王比赛等活动中取得优异成绩，在上海市、全国乃至全球享有盛名。

（五）成立迅行学生社团、组织各项活动

迅行学生社团经过多年认真准备，于2016年3月4日正式成立。社团作为弘扬、传承、践行、创新"立人"精神的骨干成员集体开展活动，为迅行的特色办学增光添彩。

1. 编演剧本

十几年来，我们编写、演出了《从百草园到三味书屋》《咸亨酒店》《社戏》等鲁迅课本剧，每年都有新的课本剧产生。2018年的课本剧《呐喊——

放他们到光明的地方去》，分别参加社区、鲁迅纪念馆、全国鲁迅学校等活动，取得了一系列的成绩。

2. 学生创作歌曲

我们有一定音乐基础的学生自觉组建小组，根据鲁迅先生的作品，作词、作曲、演唱、录制歌曲。这类活动还有许多，限于篇幅，这里就不一一列举了。

2015 年暑期，在上海市教委、校外联、上海鲁迅纪念馆等直接领导下，我校师生、家长参与了弘扬与传承鲁迅精神的系列活动——微课题、书一书、演一演等；2016 年暑期增加了"追寻鲁迅在上海的足迹"的活动。2019 年暑期系列活动继续展开。在这次活动中我们的课程得以实践，在此期间，接受了许多专家的指导，完善、提升了课程资源。参加本次活动的学生有我校高、初中在校学生，有复兴高级中学、交大附中原我校学生，我校老师，部分同学的家长等。在系列活动中，我们的团队成绩显著：三项活动我校均取得最好成绩。微课题我校有两个荣获三等奖；书一书、演一演受到高度赞扬，著名教育家于漪在颁奖大会上只有两次点名表扬，两次均为迅行中学。

师生活动，实践了课程资源并丰富了课程资源，为课程资源注入了新的活力。家长的参与为课程的实施提供了一定的保障。

七、 总结反思

（一）校本课程及其活动的实施，离不开专家的指导

我们开展"立人"教育实践，每一个关键环节都离不开专家的指导和帮助。项目申报从主题到内容；读本编写从选篇到注解；组织比赛从选题到辅导；参加活动从目标设定到落实培训等，都离不开专家们的指导。他们的指导给了我们信心和鼓励。

我们聘请的专家是我们前进的灯塔。记得在申报项目时，从主题到内容都毫无把握。经过专家们一次次指导，实地考察我校等，我们的项目目标开始变得清晰；学生在实践课程资源时，得到专家、领导的高度肯定。他们的鼓励是我们前进的动力。

（二）坚持，就会有所突破

我们在课程资源的开发中，往往觉得有些学科无从下手。学校领导、校本课程建设的老师坚持不懈地探讨研究，最终有所突破。如化学学科的《长

衫孔乙己之爱——酒》；心理学的《鲁迅作品采用童年视角的心理原因分析》；生命科学的《百草园里的食物链》；地理学科的《鲁迅对中国地理学发展的贡献》；艺术学科师生根据鲁迅作品自编歌曲和舞蹈等。这些都是我们在不断探究坚持中取得的点滴突破。

（三）合力，形成一股强大的力量

专家、领导、老师、学生、家长、校友等形成的合力，极大地推动了"立人"校本课程实施的进程。人文学科与自然学科相结合，多学科拓展等，从形式、内容上建构了学习鲁迅"立人"精神的校本课程，课堂教学、课外实践，为学生的全面发展搭建了一个又一个平台，拓展了学生的学习视野，也为学校特色办学做出了贡献。

（四）分享与交流，提升课程资源

"立人"课程的开发建设，不能自我封闭。我们的资源交流到老师群体中，交流到兄弟学校尤其是集团学校中，目的是为了听取意见、建议，集聚大家的智慧，提升课程质量，然后再修改，再分享，再提升，以此不断充实，日趋完善，并普惠大家。

附：活动图片

百草园诵读

鲁青文学奖十周年

鲁迅木刻版画活动

鲁迅小道活动

社团部分学生参观上海鲁迅纪念馆

案例二　提篮方舟与犹太文化

上海市霍山学校　潘　静

上海市霍山学校是一所地处提篮桥地区的九年一贯制学校。提篮桥地区拥有深厚的文化底蕴和丰富的地域资源。学校充分利用和开发这一丰富的地域资源，开发了"提篮方舟与犹太文化"校本课程，课程涉及语文、历史、地理等学科。该课程通过教师的跨学科精心设计，化为受学生喜欢的教育课程资源。教师通过跨学科综合授课，学生的综合学习素养得到提升。该课程把培养和践行社会主义核心价值观贯穿立德树人全过程，融入教育教学全过程，使人文资源成为学校发展的依托和可持续发展的内驱力，真正体现学校办学的价值追求。

第一部分　校本课程开发

一、课程的背景

（一）提篮桥文化具有丰富的人文历史价值

提篮桥文化是上海文脉的核心之一，具有多元文化的特点。犹太文化、红色文化、抗战文化、祈福文化等经典文化皆相汇于此。深挖提篮桥的丰富历史资源，对培养学生的核心素养有着重要的意义。

战乱时期，犹太难民避难于提篮桥，充分显示了中国人伟大的人道主义精神和中犹两个民族对和平的渴求与向往。体味提篮桥文化，让我们感悟、珍惜和平的来之不易。通过校本课程的开发和实践，让学生了解提篮桥文化，对自身责任思考，体现社会主义核心价值观的内涵。

（二）提篮桥文化对学生具有不可替代的教育作用

提篮桥文化孕育着强大的精神力量。学校通过课程实践，使学生了解提篮桥与犹太文化的历史，感受提篮桥人民海纳百川、传承中国人的大爱精神，学习犹太民族的优良品格，丰富对世界多元文化的认识，开阔眼界。这些都有助于学生国际视野的形成。

（三）校本课程的实施是学校办学传承与转型发展的需要

1. 天时

从历史来看，我校前身是由著名教育学家陈鹤琴先生于 1928 年创办的工部局东区小学，在 20 世纪 30 年代末 40 年代初，工部局东区小学曾经是收留犹太难民的汇山路收容所。

2. 地利

从地理空间上看，我校是提篮桥地区距离犹太难民纪念馆、提篮桥监狱、下海庙等最近的学校，具有得天独厚的地理优势。正如我校创始人陈鹤琴先生在"活教育"中所提倡的"注意环境，利用环境"，大自然大社会都是活教材。面对丰富的地域资源，学校有着天然的文化教育职责和社会责任。

3. 人和

学校秉承"做人，做中国人，做现代中国人"的教育目标，努力创建绿色生态学校。遵循学生成长规律的原则，以校内师生关系和谐、校园文化价值追求积极、德智体美协调发展为特征，激发学生学习兴趣、推动学生自主学习、促进学生全面健康发展。

二、 课程的目的

收集和整理提篮桥历史风貌区的文史档案，编写《提篮方舟与犹太文化》校本材料，设计相关的学生实践活动。一是通过学习实践，培养学生的历史使命感和社会责任感及现代公民意识，自觉地把自己的理想抱负与时代、社会发展相结合。二是培育和践行社会主义核心价值观，传承陈鹤琴教育思想，培养学生的人文情怀，做现代中国人。

三、 课程所涉及的领域

本课程涉及的学科有语文、历史、地理、道法、艺术等。

四、 年级及课时

主要的对象为六年级的学生，共计 10 个课时。

五、 课程框架及课程内容

课程共分三个单元 10 个课时，具体框架列表如下：

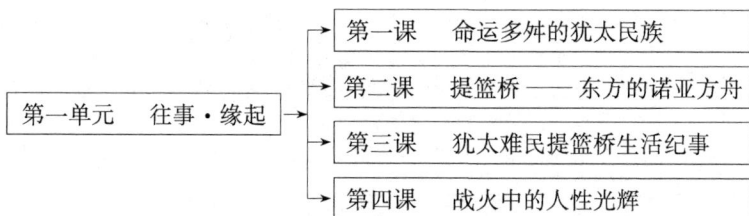

```
                              ┌─→ 第一课   命运多舛的犹太民族
                              │
                              ├─→ 第二课   提篮桥 —— 东方的诺亚方舟
   第一单元   往事·缘起 ─→─────┤
                              ├─→ 第三课   犹太难民提篮桥生活纪事
                              │
                              └─→ 第四课   战火中的人性光辉
```

续表

```
                        ┌──→ 第五课   摩西会堂与犹太教
                        │
第二单元   文化·交汇 ────┼──→ 第六课   嘉道理学校与犹太教育
                        │
                        ├──→ 第七课   东海大戏院与犹太音乐
                        │
                        └──→ 第八课   舟山路与犹太建筑

                        ┌──→ 第九课   永远的第二故乡
第三单元   友谊·传承 ────┤
                        └──→ 第十课   大爱传承
```

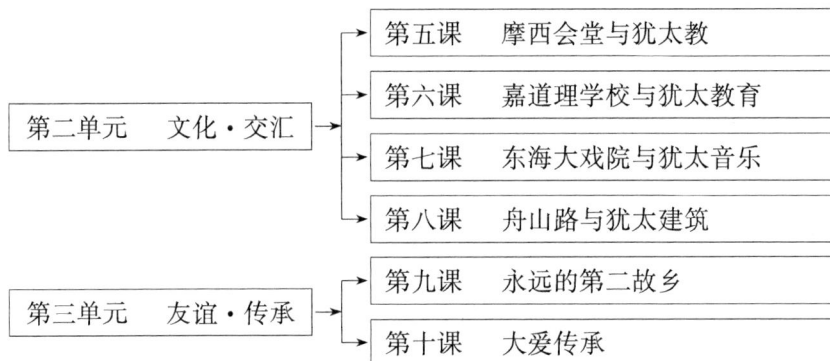

本课程的具体内容及教学建议如表 5.2-1 所示。

表 5.2-1

第一单元　往事·缘起		
第一课	命运多舛的犹太民族	**主要内容：** 　　讲述犹太民族的起源及犹太民族始祖亚伯拉罕带领族民迁徙迦南的故事，观看犹太人民朝拜耶路撒冷哭墙的视频，完成"动手动脑"犹太民族三次流散概况表格，了解犹太民族的三次大流散，理解三次大流散对犹太民族产生的深远影响。 **教学建议：** 　　分析迦南地区的地理特征。对于六年级学生来说，他们对历史地图的阅读并不熟悉，且对世界历史知识的累积也不充分，完成起来有一定困难，需教师在旁加以指导。
第二课	提篮桥——东方的诺亚方舟	**主要内容：** 　　讲述 20 世纪初纳粹的排犹主义，感受纳粹排犹政策的恐怖，理解排犹政策对犹太民族历史产生的巨大影响。观看以色列官方致敬何凤山的视频，体会以何凤山大使为代表的中国政府，在危难时刻伸出援助之手，展现的文明古国的博大胸怀。 **教学建议：** 　　由于学生对第二次世界大战及对个别人物如纳粹头目希特勒不太了解，教师需要在历史背景的讲解上花不少时间，为了提高效率，可改成让学生提前预习、查找相关背景知识及观看电影等方式，以帮助学生自己提前了解，这样也许课堂的效果会好一些。

第一单元　往事·缘起		
第三课	犹太难民提篮桥生活纪事	**主要内容：** 　　通过解读地图和多幅犹太难民收容所的照片，了解犹太难民初入提篮桥的艰难岁月；观看"小维也纳"的照片与视频，强调即使生活条件困难，加上中国抗战背景的影响，犹太难民依然对生活抱有希望，在中国人与犹太社团的帮助下逐渐适应生活，将提篮桥变成"东方的小维也纳"。 **教学建议：** 　　教师须强调除了政策的扶持外，犹太人对生活的积极态度，也是"小维也纳"繁荣景象出现的重要原因。
第四课	战火中的人性光辉	**主要内容：** 　　讲述上海沦陷后，日军将犹太难民隔离，以漫画解读、人物介绍（白求恩、沙博理）的形式，感受到中犹人民间剪不断的深厚渊源，在战火中人性闪耀着光辉，感悟提篮桥人的大爱精神。 **教学建议：** 　　教师着重讲解上海沦陷后，犹太难民的悲惨遭遇，突出比较日军的残暴及中国人民的大爱无私，从而突出在战火纷飞的年月人性的光辉背后的文化内涵。
第二单元　文化·交汇		
第五课	摩西会堂与犹太教	**主要内容：** 　　讲述摩西创立犹太教的故事，了解犹太教的基本教义与经典。通过走进犹太难民纪念馆，切身体会犹太民族命运的多舛以及这个民族对于宗教信仰的执着，感受在抗战互助中建立起来的深厚中犹友谊，学习彼时国人伟大的人道主义精神与犹太民族顽强的生存能力，感受犹太民族的感恩之心，懂得珍惜今日和平的来之不易。 **教学建议：** 　　任务单的设计要充分发挥犹太难民纪念馆的场馆作用，与课文内容有机结合，学生学习小组的创建也非常重要。
第六课	嘉道理学校与犹太教育	**主要内容：** 　　介绍嘉道理学校创办的原因，指导学生网络搜索完成犹太名人一览表，阅读 2012 年中国与以色列国民纸质图书阅读量对比表，了解犹太民族对教育的重视程度，学习其保持终身读书的好习惯。 **教学建议：** 　　犹太教育其实是一个很大的命题，目前搜集到有关嘉道理学校的资料非常少，如何让学生从宏观上对犹太教育有一个相对全面的认识还需思量。

第二单元　文化·交汇		
第七课	东海大戏院与犹太音乐	**主要内容：** 　　结合东海大戏院，讲述曾在提篮桥出现的犹太音乐社团，介绍犹太代表艺术家卓别林、毕加索、门德尔松。 **教学建议：** 　　可提前通过上网搜索，让学生了解犹太音乐，了解艺术家卓别林、毕加索、门德尔松等的生平，这样有助于学生对犹太音乐的理解。
第八课	舟山路与犹太建筑	**主要内容：** 　　介绍舟山路上犹太建筑的特点、上海典型的犹太会堂、古希腊建筑的三种基本立柱，为提篮桥历史风貌区内的一个犹太遗迹设计名片。 **教学建议：** 　　可提前布置任务，带领学生参观舟山路上犹太建筑及上海典型的犹太会堂，并与古希腊建筑进行比较，以犹太遗迹为蓝本为提篮桥设计名片。
第三单元　友谊·传承		
第九课	永远的第二故乡	**主要内容：** 　　以一本犹太难民护照的发现为线索，播放视频，通过几则新闻报道，感受犹太难民在讲述中对提篮桥的深厚感情，体会两国频繁的民间交流。根据《虹口区志》整理出的提篮桥犹太遗迹，学生通过网络搜索或查找书籍，设计一条提篮桥犹太文化参观路线。 **教学建议：** 　　难点在于参观路线的设计，需要教师教授方法、引导学生。
第十课	大爱传承	**主要内容：** 　　讲述我校老校址汇山路150号曾经是收留犹太难民的汇山路收容所的光荣校史；了解我校创办人陈鹤琴先生的生平事迹，结合陈先生的办学主张，向学生发出倡议，继承弘扬大爱精神，做现代中国人。 **教学建议：** 　　有条件的话可提前参观我校老校区汇山路150号，了解汇山路犹太难民收容所、了解陈鹤琴先生的事迹。

六、 教学案例

下面以第八课《舟山路与犹太建筑》为例，来讲解我们的教学过程。

第八课 舟山路与犹太建筑

第一部分 教学过程

（一）本课时主要内容

1. 了解舟山路上犹太建筑的特点、上海典型的犹太会堂、古希腊建筑的三种基本立柱、上海一些著名建筑。

2. 通过观察西摩会堂、爱神花园、马勒别墅，了解上海一些著名建筑的风格。

3. 通过任务单的完成，为提篮桥历史风貌区内的一个犹太遗迹设计名片，激发潜能，加深对提篮桥地区的感情。

（二）本课时目的

通过对犹太建筑的了解，进而了解犹太文化，了解犹太民族的精神。通过设计名片，感受中犹人民的友谊及加深对提篮桥的感情。

（三）教学重点

犹太建筑的风格特点。

（四）教学过程

1. 导入

当20世纪三四十年代纳粹德国疯狂迫害、屠杀犹太人之时，上海是全球唯一向犹太人敞开大门的大城市。犹太难民在虹口安顿下来后，形成了以提篮桥为中心的聚居区。

漫步于舟山路，街道两旁的建筑明显区别于周围，呈现出浓厚的欧式风格。这里曾是犹太难民的聚集之处，一度是热闹的"小维也纳"。随着战争的结束，犹太难民离开了提篮桥，但这些老建筑依然在此无声地诉说那段过往……

2. 了解犹太建筑的风格特点

（1）老建筑的风情

（教师提前准备相关图片，让学生在观看中，从建筑细节、建筑风格和建筑功能入手来分析老洋房的风情。）

展示一组舟山路、霍山路老洋房的照片，请同学们猜一猜，这些老洋房位于哪里。

霍山路71—95号、舟山路1—81号的建筑群，始建于1910年，是欧洲古典风格毗连式建筑，是典型的外廊式建筑风格。当年不少犹太难民寄居于此。由于当时居住在此的犹太难民中有不少是工程师、建筑师等技术人员和艺术家，因此，舟山路的建筑在功能和形式上都达到了相当高的水准。

请仔细观察图片，这些建筑外观有哪些特点？这些特点能给居住带来哪些便利？

建筑台基较高，入口处通常有四至六步台阶的室内外高差，与地面接近处设有通风孔。

外墙主立面设连续的清水青红砖券式外廊，墙面以青砖为主，券和装饰线脚用红砖。

墙面极富装饰感，每一层楼面均有一层砖砌的叠腰，构成了水平线条的延伸。入口处两个并列的开间往外稍凸，其门洞上的拱券装饰是倒葱头状，凸显了俄罗斯建筑风格的特征。所有的门套、窗套都采用红砖来砌成半圆拱或扁拱，与作为背景的青砖一起构成了丰富的色彩变化。建筑屋顶是坡度较陡的双坡屋面，利用连续、并列的老虎窗伸出墙面，形成了极富韵律感的界面。

该建筑的功能：设有台基，一楼住宅不会积水。楼层高加上窗樘圆形设计：室内采光、通风良好，冬暖夏凉，能有较为舒适的居住体验。

洋房外墙的十字架与犹太难民有着怎样的关系？

十字架的设计与犹太教有关，因为摩西会堂就在虹口区舟山路转角处，充分体现了犹太民族对于宗教的虔诚。

（2）走进犹太建筑

（教师提前准备西摩会堂、沙逊大厦、马勒别墅等资料、图片和视频。）

自 20 世纪二三十年代犹太人陆续迁入上海以来，他们以上海为家，在上海建立教堂、学校、医院、俱乐部、公墓、商会等，留下众多建筑遗产。这些建筑浓缩了欧式建筑的经典，成为沪上独有的一道风景。

① 西摩会堂（通过画一画，找一找，教师带领学生认识古希腊建筑的三种基本立柱，及对后世建筑发展产生的影响。）

西摩会堂，又名拉希尔会堂，坐落于陕西北路 500 号，是远东地区现存最早的犹太教会堂，2001 年被选为世界纪念性建筑遗产，是一幢具有希腊神殿式的砖木结构建筑。

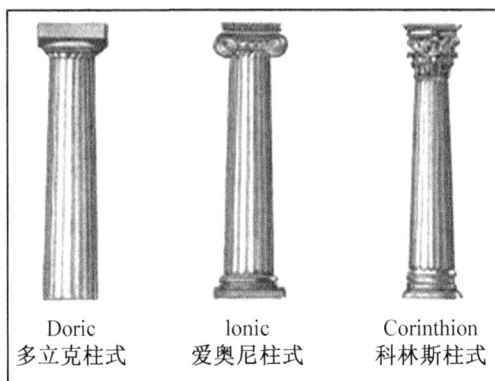

Doric
多立克柱式

Ionic
爱奥尼柱式

Corinthion
科林斯柱式

古希腊著名的三大柱式分别是多立克柱式、爱奥尼柱式、科林斯柱式。产生于公元前 7 世纪的多立克柱又被称为男性柱，柱身有 20 条凹槽。产生于公元前 6 世纪中叶的爱奥尼柱柱身有 24 条凹槽。产生于公元前 7 世纪的科林斯柱是装饰性最强的一种柱式。

学生活动一：

请你用简笔画的技巧来画一画这些漂亮的柱子，并到外滩万国建筑中找一找它们在哪里。

多立克柱   爱奥尼柱   科林斯柱

② 沙逊大厦、马勒别墅

学生活动二：

上海现存的犹太遗址和特色建筑共有 48 处，其中虹口区有 15 处。沙逊大厦、拉希尔会堂、摩西会堂等 29 处建筑已被列为上海市优秀历史建筑。请学生们以小组合作形式，运用网络搜索富有特色的犹太建筑及建筑里的故事，并进行小组分享。

沙逊大厦（今和平饭店）

该大厦 1929 年建成，装饰艺术派建筑风格。沙逊大厦平面呈"A"字形，塔楼上冠以 19 米高的墨绿色瓦楞紫铜皮方锥体。大厦临黄浦江的一面 13 层，背面 9 层，地下 1 层，总高 77 米，曾有"远东第一楼"的美誉，是世界 50 家最著名的饭店之一。这里最著名的是 9 个不同风格的九国套房和价值连城的拉利克玻璃。沙逊大厦率先采用了新技术、新材料，从而掀起了一股建筑结构由砖木结构向钢筋混凝土框架和钢架结构体系转变、建筑向高层空间发展的潮流。

马勒别墅

1936 年，英籍犹太人埃里克·马勒在陕西南路 30 号修建了一所具有浓郁北欧风格的花园别墅，名为马勒别墅。据说该别墅是按照当年花园主人马勒最为宠爱的小女儿的一个梦境设计的。

整组建筑由六幢大小不同的房子组成。主楼外墙用泰山耐火砖镶嵌，尖顶嵌着有色玻璃，半透半遮，在阳光下或夜幕中，陡增几分神秘色彩。主楼墙面凸凹多变，棱角起翘。三楼外是一条狭长的阳台，后面耸立着斯堪的纳维亚哥特式尖塔。它高低不一的尖顶，尖锐的攒尖顶，起伏的四坡顶，有如雪峰与高原一样错落有致。附近新建的许多建筑纷纷在顶部耸起了尖塔，它的魅力可见一斑。

思考题：结合犹太人颠沛流离的历史背景和他们在上海所建造的这些风格迥异的建筑，请你谈一谈犹太人的精神特质有哪些。

当 600 万犹太难民在欧洲被屠杀之时，来华犹太难民与中国人民同甘苦，共患难，在上海的土地上度过了艰难岁月。但他们并没有在绝望中等待死亡，而是积极、和谐地生活，在这一过程中与上海本地文化逐步交融，将他们自己的文化艺术、生活情趣、精神追求……带到上海，在融入中求同存异，让我们看到了一个对教育关注、对艺术追求、对生活坚守的这一古老文明的精彩。

③ 实践探索

教师介绍提篮桥历史文化风貌区诞生的基本情况。

2003 年 9 月，上海市确定了中心城区 12 个历史文化风貌区，提篮桥历史文化风貌区是 12 个历史文化风貌区中规模最小的一个。但它有自己独一无二的特点，区内拥有众多历史遗迹，充分体现了海派文化海纳百川、兼容并包的特点。

教师介绍任务内容：

提篮桥历史文化风貌区内的特色建筑有摩西会堂、下海庙、提篮桥监狱等多个优秀历史建筑，包含舟山路、长阳路两条景观道路。请以小组形式任意选择提篮桥历史文化风貌区中的一个犹太建筑遗址，并为这一遗址设计一张旅游名片（可电脑版或手绘版），如表 5.2-2 所示。

表 5.2-2

建筑配图	建筑名称、地址、始建年代
	建筑风格
	建筑里的故事

学生分组完成后，进行交流分享，优秀作品张贴在班级板报里。

④ 归纳总结

上海犹太遗址和特色建筑反映了犹太人在近现代上海各个领域的活动情况，是上海城市遗产的一个重要组成部分。上海虹口区的提篮桥地区是犹太人最集中的地方，来自欧洲各国的犹太难民和中国普通百姓生活在同一屋檐下。这些建筑述说着那段风尘岁月的艰辛、残酷、不屈、执着……如你能静心走进，俯身倾听，你还能清晰地感受到它在呼吸，在呼唤，在血水相融、文化交融中迸发出的艺术性、创造力才是永恒，让我们以自己的行动唤起更多人，包括海外犹太人，我们一起来保护提篮桥街区，弘扬这里所孕育的人文精神；用更为开放和包容的眼光看待世界，实现中国梦，共同创造人类的美好明天。

七、成果展示

"提篮方舟与犹太文化"校本课程的开发与实践，对培育和践行社会主义核心价值观，培育学生的人文情怀，做现代中国人具有重要的意义。同时，也促进学校内涵式发展、教师的成长，促进课程与生活、课程与社会的联系，对构建和谐师生关系、绿色生态下的"学与教"关系，都具有重要的实践意义，是陈鹤琴"活教育"思想在新时代的新发展，是跨学科综合学习在人文历史领域的实践。

（一）创建学校特色

1. 以文教结合为途径，落细落小落实核心价值观

我们利用"提篮桥文化"特有的文化内涵，找到了文化与育人的契合点，

实现文教结合的共有、共享、共创的效应。学校围绕立德树人的根本任务，以培育和践行社会主义核心价值观为主线，将"提篮方舟与犹太文化"校本课程为学校德育教育内容的重要培育渠道，在校本课程教学过程中注重知识目标、能力目标和情感目标的有机统一。学生学习方式实现了由"接受型"向"自主、合作、探究"型的转变，摆脱了德育的"说教"，重视德育的实践。该课程的设计，给学生带来的是对提篮桥文化的真实体验，感悟的"爱国、友善、文明、平等、公正"的优秀品质成长因子在学生中的浸润和生长，为学生今后的人生成长奠定了坚实基础。

2. 营造育人生态环境，构建绿色教育的生态校园

加强学校的绿色校园文化建设，给师生提供的是积极向上、有益身心发展的好文化，促进学生的全面发展和健康成长，是构建绿色生态教育的要求。学校结合陈鹤琴先生的"活教育"课程论，落实"做中教，做中学，做中求进步"，尊重学生的身心发展规律、通过"提篮方舟与犹太文化"校本课程，来引领创建绿色生态教育的实践，并取得了一定的成效。其一，进一步围绕立德树人的根本任务，树立正确的育人价值观。其二，挖掘丰富的、有特色的生态课程资源，逐步形成学校课程文化。其三，营造育人生态环境，为学生未来的持续发展扎下深根。

我们力图通过将社会资源的整合和校本课程的支持，构筑绿色生态教育，帮助学生找到适合自己的成长道路，最终体现学校的办学目标和育人价值，使学校变得更绿色，更生态。

（二）提升了教师素养

1. 以"活教育"为指针，探寻"学与教"新方法

学校践行陈鹤琴"活教育"思想，在课程实施中遵循课堂教学和实践体验相结合的原则。在课题研究中，项目组进行问卷调查，积极召开座谈会，及时摸清学生的个性倾向，判断个性差异。确立研究方向及对策，根据学生身心发展的特点，我们选择了生动、有趣的内容来充实教学，运用灵活多样的课型结构优化教学，吸引学生的注意力，让学生在动口、动脑、动手中发现问题。校本课程开发与实践，让学生学会了交流合作，具备了搜集、分析、处理和运用信息的能力，课堂学习的形式更加多样，学习的内容更加宽泛，教学手段更加新颖，作业形式更加灵活丰富。

校本课程实施以来，改变了原有的"学与教"，关注了学生的特长发展，激发了学生学习热情、培养了良好学习习惯，使每个学生都能得到最大程度的发展，并获得终身学习的能力。

2. 以"课程论"为指导，提升了教师的课程能力

随着校本课程开发与实践，教师课程意识逐步提升，思想观念有了很大转变。校本课程的开发，激发了教师自我发展的需要，催生了教师创新思维，构筑起了师生共同发展的平台，也促进了教师课程能力（包括课程目标、课程内容、实施课程、评估课程四个方面的能力）的全面提高。实现了教师开始由课程的最忠实的"执行者"向课程的"决策者"过渡。

同时在校本课程开发与实践中，教师不仅要研究学校、学生、自己，还要研究课程制度、课程理论、课程开发方法等；不仅要研究问题的解决，还要研究交往、协调的方法等，这就使教师逐步拥有教学研究的态度和能力，积极、主动地使自己走向"专家型教师"。

（三）促进了学生发展

1. 丰富了育人渠道，拓展了学生成长空间

学校充分利用提篮桥丰富的地域资源，使其化为受学生喜欢的课程资源，培养学生学会做人、做现代中国人。学生通过校本课程的学习，对提篮桥文化精神的进一步认同，增强了提篮桥人的自豪感和荣誉感，树立了家乡意识和社会责任感。

"提篮方舟与犹太文化"校本课程的开发研究强调的是"以人为本"，以人的充分自由发展为最高目标。学生积极参加社会综合实践活动，学习天地广阔了，视野拓展了，兴趣增强了，个性张扬了。课程的实施，充分显示出学生的聪明才智和创造能力。通过师生共同开发校本课程，拓展了学生成长空间。学生掌握了各方面的技能，沟通了与社会生活的联系，获得了调查分析、信息处理的能力。学生也学会了与人交往，增强了团队精神，促进了自身的全面发展。

2. 改变了学习行为，促进了学生全面发展

校本课程的实施，使学生的学习不再仅仅局限于课本上的知识，而更多的是学会学习、学会选择、学会合作、学会承担、学会理解、学会体验、学会做人等。课程的开发与实施从内容上讲从课内延伸到课外、从空间上讲从

校内延伸到校外、从途径上讲从纸质延伸到电子，学生的学习已"无时不有、无处不在、无所不存"了，内容更加丰富、层次更加清晰、内涵更加深厚。提高了学习热情、改变了学习行为和学习能力，满足了学生个性化学习需求，提高其学习成效，促进了学生全面发展。

八、评价反思

（一）落实立德树人的根本任务，关键在于教师

实践证明，教师人文素养的养成、育德能力的提升并不是一蹴而就的，它是一项长期的系统工程。如何将教师的知识积淀内化为教师的文化内涵、人文意识和自觉行为；如何通过文化熏陶，提升教师的人文精神、人文情怀，并转化为教师教书育人的能力，特别是教师的育德能力，直至最终升华为对教育理想的追求，这些都有待于我们在攀登的道路上进一步地探究。

（二）落实综合评价的根本任务，关键在于导向

拓展课程显性而又独特的课程特点，在中考改革综合实践活动中也彰显出它特有的生命力，学校将结合《上海市进一步推进高中阶段学校考试招生制度改革实施意见》、《综合实践活动指导纲要》（讨论稿）等文件精神，深度思考如何把提篮桥拓展课程化为综合实践活动，深化社会主义核心价值观，加快学科德育教育，围绕立德树人的育人目标，引导青少年扣好人生的第一粒扣子。在中考改革中赢得先机，在综合评价中绘制出具有人文特色的实践之路。

第二部分　综合实践活动方案

一、活动名称

东方的诺亚方舟

二、活动对象

六年级学生

三、活动目标

1. 了解校史与所处地理位置的重要历史。

2. 了解上海的历史，尤其是虹口提篮桥一带被誉为"东方诺亚方舟"的历史渊源。

3. 了解中国历史和世界历史，传承"大爱"精神。

四、涉及学科及主题

历史——中国历史、上海本土历史、世界史。

地理——中国地理、上海地理。

艺术——建筑形式。

道德与法治——爱国主义教育、"爱"的教育。

语文——名人名言、名家名段。

五、活动形式

活动形式分为：课堂教学、城市行走、行走分享三个环节。

六、活动内容

(一) 课堂教学

见第一部分"教学过程"。

(二) 城市行走

1. 城市行走路线：犹太难民纪念馆、美犹联合会、霍山公园、舟山路建筑群"小维也纳"、白马咖啡馆。

2. 城市行走过程：

(1) 教师介绍小队建立相关要求，每组 4—5 人为宜，明确各自分工，完成小组名片，实行队长负责制。

(2) 学生按各自意愿组建队伍，领取趣味十足的任务卡，分工合作，进行城市微旅行的深度探秘。

(3) 教师强调外出纪律，准备开启发现之旅。

带领学生走入街道，实际感受城市的建筑，进一步了解"虹口方舟"乃至上海与犹太人民的友好交流，感受上海包容万象的海派精神。

3. 行走分享：每组组长代表组员进行交流，将任务卡上的问题答案与班级同学共享，弥补参观过程中遗漏的地方。

七、综合评价

充分关注学生的学习和成长过程。通过同学、学校老师共同对学生的知识体系、参观礼仪以及参与的积极性等进行综合评价（见表 5.2-3）。

原则：注重"过程"评价、"自我"评价、"多元"评价。

三个纬度：学生自我评价（40%）、小组评价（30%）和教师评价（30%）。

表 5.2-3

评价指标	评价内容	等级评价（自评）			
		A 优	B 良好	C 合格	D 须努力
学习态度	对活动感兴趣，能主动积极投入				
	勤思考，好提问，善质疑，会归纳				
	完成科目要求的实践活动与动手能力				
合作精神	积极参加城市行走，完成任务卡				
	乐于合作，勇于表达，善于倾听				
创新能力	创新意识和钻研精神				
	熟练应用计算机和各种资料的能力				
小组评价					
任课教师综合评价					
备 注	综合评价是指导老师在自评和他评的基础上根据实际情况做出评价				

附录：活动图片

学生参观犹太纪念馆 1

学生参观犹太纪念馆 2

学生分组完成任务卡

学生完成任务卡

案例三   校园植物大调查

上海市霍山学校   朱   坤

一、   课程背景

霍山学校坐落于市区，校园面积较小，学生活动空间有限，校园中虽然长有各种各样的植物，但学生却不是那么熟悉。陈鹤琴先生"活教育"思想指出：大自然、大社会都是活教材，通过对校园植物的调查研究，帮助学生对周边的植物有更深一层的了解。"校园植物调查"呈现了一个完整的主题探究活动过程，包括制定活动方案、开展实践活动、总结与交流三个环节，让学生通过实地采样、动手制作、调查记录等一系列活动，了解校园植物的种类、生长情况和植物的作用，提高学生的探究能力，加强学生动手能力的培养，让学生在过程中体会劳动和丰收的喜悦。同时培养学生关注周围环境、保护自然环境的意识，发展学生的自主、合作精神。通过调查活动、采集样品、拍照、查阅资料等方式，认识校园内目前存在的植物物种，了解植物的观赏价值，培养学生热爱大自然、热爱校园环境的情感，为美化我们的校园做出力所能及的贡献。

二、 课程目标

1. 认识校园常见植物，了解校园植物的种类及生长情况，了解植物在美化、绿化、净化校园环境中的作用和意义。

2. 在活动中主动探究，学习运用观察、采访、测量等研究方法，树立自主探究意识和群体合作意识。

3. 在活动中亲近自然，培养保护自然环境的意识和热爱自然的感情。

三、 课程所涉及的领域

生物、地理、语文、化学、信息技术、数学。

四、 年级及课时

六至七年级，四课时。

五、 课程结构

本课程分为四个课时进行教学，具体框架如下：

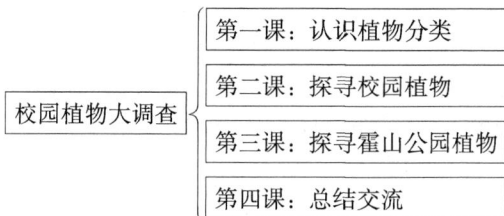

校园植物大调查　{　第一课：认识植物分类
　　　　　　　　　　第二课：探寻校园植物
　　　　　　　　　　第三课：探寻霍山公园植物
　　　　　　　　　　第四课：总结交流

六、 教学过程

根据课程的总体结构，就每一节课的教学任务来设计教学流程。

第一课　认识植物分类

（一）本课内容

六、七年级学生思维活跃，有较强的好奇心和探究欲望，虽然平时对校园植物有一定的认识，但在认识上还存在局限。因此在课程的第一课，我们选择向学生介绍植物分类的基础知识，使学生了解身边的植物种类，激发学生走出教室到校园中开展调查实践的兴趣。由于他们调查经验少，自我约束力较差，加上缺乏调查访问的经验，活动过程可能会遇到种种障碍，因此在分组时要发挥组长骨干的带头作用，提前进行培训指导。

（二）本课教学目标

1. 植物分类。

2. 了解采样方法及注意事项。

3. 分组，明确要求。

（三）教学环节及过程

1. 情境引入：校园植物知多少？

同学们，我们在霍山学校这所美丽的校园里学习有多久了？同学们对这个"家"的一草一木是不是都很了解呢？今天，老师就来考考你们，看你们能不能说出它们的名字，它们在校园的哪个角落，有什么特点、用途。

2. 认识植物分类

通过 PPT 和视频材料向学生介绍植物的分类，从生物学角度可分为界、门、纲、目、科、属、种，通常我们要了解植物的中文名以及属于哪一科。另外从植物的特征来看，我们可以将植物分为单子叶植物和双子叶植物，以及裸子植物和被子植物，这些不同的分类方式是后面我们进行探究调查的出发点。

3. 介绍采样需要的工具及要求

（1）剪刀、铲子、手套、塑封袋。

（2）对植物的叶片、花朵进行采集，放入自封袋中保存。

（3）采样时注意做好现场记录。

4. 做好分组准备

（1）组员要服从组长安排，活动时人员必须到齐，不能缺席。

（2）活动时不能喧哗吵闹，采取样本时要仔细，避免损伤植物。

（3）注意做好活动记录，收集好过程资料。

5. 归纳总结

了解了植物分类和识别的基本知识之后，关于校园植物，你想了解什么？研究什么问题？为什么想研究这个问题？指导学生对照选题要求：（1）从兴趣出发；（2）有研究价值，难易适宜，自己能解决；（3）要充分考虑现有条件，提出有价值又能开展研究的问题。

作业：组内交流确定调查区域

作业完成时间：30 分钟

课后反思：

第二课　探寻校园植物

（一）本课内容

根据学校实际环境和学生实际水平，本节课为学生提供活动方案的样表，让各组组内制定活动方案，针对学校不同区域内的植物开展小组合作研究。通过对校园植物的搜寻、采样特征记录，加深学生对校内植物的了解，增强了学生的自主探究和团队合作意识。

（二）本课教学目标

1. 了解学校内植物分布的总体特征和局部特征。

2. 学会使用正确的采样方法采集植物样品。

3. 在活动中亲近自然，培养保护自然环境的意识和热爱自然的感情。

（三）教学环节及流程

1. 引入：我们要了解校园中植物的哪些特点？

（1）了解校园植物的总体分布（教学楼、操场、校门口有什么植物）。

（2）认识乔木、灌木、花卉的名称、种类、特点。

（3）了解植物生长需要什么条件。

（4）了解校园里最古老（最高大）的植物是什么，有什么特点。

（5）了解植物对环境有什么作用。

2. 各组制订活动方案

同学们已明确了小组研究的主题，为了使研究活动顺利进行，我们要来制订一份活动方案。同学们以小组为单位开展活动，讨论制订活动方案。

3. 各组分区域采样探究

组长带领组员对划分区域进行收集，采集所要寻找的植物样本，包括植物叶片和花朵，记录植物的相应特征。在上课的最后十分钟内，各小组简要介绍组内的调查情况。

4. 归纳总结

实地观察时目的明确还要认真仔细。不仅可以用眼看，还可以手摸、鼻闻等多种感官参与；实地测量要准备好工具，注意测量的科学性和数据的准确性。

作业：整理调查记录表

作业完成时间：30分钟

5. 课后反思

第三课　探寻霍山公园植物

（一）本课内容

上节课学生完成了霍山学校内植物的调查，校内简单的植物类型对学生的调查形成了一定的局限性。霍山公园距离学校仅 300 米，公园内植物资源丰富，是学生进一步了解大自然植物的理想场所。陈鹤琴先生"活教育"思想指出：大自然、大社会都是活教材。通过对霍山公园植物的调查研究，帮助学生对校园周边的植物有更深一层的了解。

（二）本课教学目标

1. 了解霍山公园内植物分布的总体特征和局部特征。

2. 了解公园内植物与学校内植物在种类和特征上的差异，并分析存在差异的原因。

3. 在小组合作中增强团队合作意识和自主探究精神。

（三）教学环节及流程

1. 制定活动方案

由于霍山公园内植物种类众多，一节课的时间只能够对一个知识点进行考察，而在校内植物调查中，学生已经知道单子叶和双子叶植物的区别，因此本节课我们选择寻找公园中的单子叶植物，总结特征后与学校内单子叶植物进行对比。

2. 分区域实地采样

各组在不同区域内，根据单子叶植物的叶片特征，搜寻并采集单子叶植物叶片、花朵做成标本。

3. 归纳总结

对于不知名的植物，可以把它们的样子画下来或拍摄下来，并简单描述植物的特征，然后再请教老师或上网、上图书馆查阅资料来认识它们，还可以制作植物资料卡。

作业：整理调查记录表

作业完成时间：30 分钟

4. 课后反思

第四课　总结交流

（一）本课内容

在完成校园、公园两个室外环境的植物调查后，学生累积了一些与植物相关的知识，因此选择在最后一节课为学生提供总结交流的平台。各小组展示两次室外调查的发现和收获，并通过教学资料集中学习一些生活中常见植物的特征，为今后的学习和相关竞赛打下基础。

（二）本课教学目标

1. 通过各组之间的交流，锻炼学生总结归纳的表达能力。

2. 通过学习有关教学资料，了解更多生活中常见植物的特征。

（三）教学环节及流程

1. 各组交流学习成果

在学校内和公园的调查中，各个小组的调查区域和主题都不一样，因此在活动中，学生调查得出的结果以及收获是不同的。通过各组的交流分享，学生能够获得更多的植物信息，体现出团队合作的价值。

2. 学习与植物有关的教学资料

在两次调查中，学生了解了许多的植物特征，但生活中常见的植物远不止这些种类，因此通过对相关的教学资料的学习，学生在已了解一些植物特征的基础之上，能够拓展出更多的植物知识。

3. 归纳总结

对于资料中出现的植物，学生在生活中能够见到其中的一部分，但由于地域分布的差异，还有许多的植物在生活中很难看到。因此，在课余时间里，对于有兴趣的植物，学生可以请教老师或上网、上图书馆查阅资料来认识它们，加深对这些知识的理解。

作业：学习有关的植物资料

作业完成时间：30 分钟

4. 课后反思

七、　成果展示

1. 学生初步调查到校园内植物约 38 种，其中单子叶植物约 8 种，通过详细的观察，了解了一些植物的特征。

2. 学生在小组活动中增强了团队协作和自主探究的意识，培养了动手能力和劳动意识。

3 学生在探究活动中认识了多种植物，增强了学生对生物学习的兴趣。

4. 学生根据采集到的植物做成标本进行课堂展示。

八、 总结反思

跨学科类探究课程可看作常规教学课程的补充形式，通过灵活多样的教学形式和选择性高的活动主题，可对常规课程中的知识点进行有效的补充，并能对既有知识体系进行一定程度的拓展。本学期的探究课程中，我选择"校园植物调查"这一活动作为主题，既能使学生了解一定的植物知识，同时也了解到校园的地理环境、土壤的成分。又由于室外的探究活动气氛活泼轻松，学生可以在愉悦的自然环境中体验活动探究的过程，感受与课堂教学不一样的学习乐趣。在活动中，根据学生实际，及时提供活动方案的样表，让学生了解活动方案的基本方式，开展小组合作研究，调动学生学习的主动性和合作意识。

老师引导学生对照选题要求，勇敢发表个人见解，训练学生发现问题、提出问题的能力。促使学生检验、反思自己原有的问题，进一步讨论、确定适合自己的、有意义的研究问题。通过展示交流，学生学会与人分享，勇敢展示自我，在活动中共享集体的劳动成果，加深对校园植物的认识和热爱。

附：活动图片

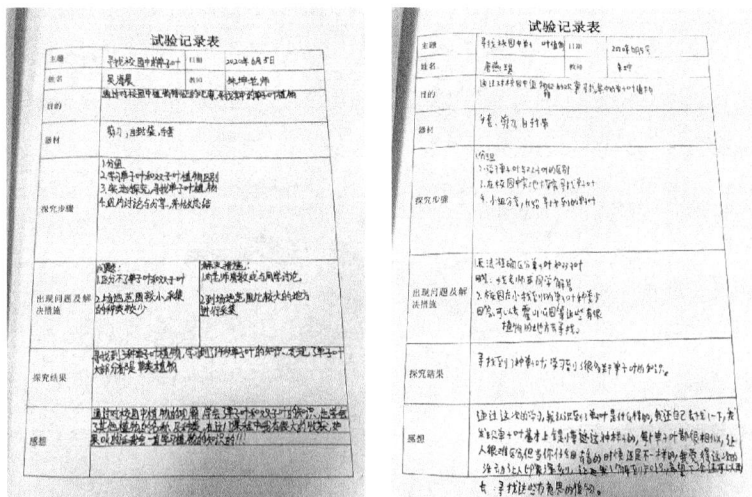

案例四　空中生态园

上海市霍山学校　朱丽君

一、课程的背景

上海市霍山学校秉承"一切为儿童"的办学理念，全面传承与创新陈鹤琴先生的"活教育"思想，同时以现代教育的理念贯穿于办学之中，培养学生做现代中国人，为学生的终生发展奠定了扎实的基础。基于这些，并根据中学生活泼、好动，乐于实践和探索的特点，学校自主拓展了跨学科综合学习课程——空中生态园。

二、课程的目标

本课程以培养学生的主体意识、完善学生的认知结构、改善学习方式、提高学生学习兴趣为宗旨和目标。本课程着眼于激发、培养和发展学生的兴趣爱好，开发学生的潜能，陶冶学生情趣，促进学生全面发展，促进学校办学特色的形成，也是基础性课程的拓宽与延伸。

三、课程所涉及的领域

本课程涉及的学科有科学、生命科学、历史、地理、美术、心理等。

四、年级及课时

主要针对的对象为五、六、七年级的同学，预计 20 个课时。

五、 教学框架（大纲）

表 5.4-1

环节	课时名称	课时内容	课时
形成可持续发展观	调查身边的环境问题	1. 调查身边的环境问题。 2. 了解从提篮方舟到世界航运中心北外滩。 3. 形成可持续发展观。	1
	调查学校的环境问题	1. 调查学校的环境问题。 2. 给出合理的建议，提高环境保护的意识。	1
建设空中生态园	种植常见蔬果	1. 根据上节课调查后的建议进行实践活动。 2. 在学校空中生态园中种植常见蔬果。 3. 尝试在实验里进行无土栽培（水培）。	1
	观察植物的生长过程	1. 用表格记录植物的生长过程并及时除草、杀虫。 2. 学习用自然笔记记录植物的形态结构和生长过程。	2
	培育营养土和生物防治	1. 用蚯蚓等小动物培育营养土。 2. 利用瓢虫捕食蚜虫等进行生物防治。	2
	收获的时节	1. 用剪刀收割学校空中生态园的蔬果。 2. 将收获的蔬果进行简易的烹饪。	1
探寻植物的生存智慧	探寻叶的功能	1. 探究叶的结构与功能。 2. 用收集的叶片制作叶贴画。	2
	探寻花的秘密	1. 通过花的解剖探寻花的结构与功能。 2. 利用采集的花朵制作手工皂。	2
	探寻果实的结构	1. 探究果实的结构与类型。 2. 酿制果酒，评选优秀酿酒师。	2
	校园植物识别	1. 认识常见的食用植物。 2. 认识常见的园林植物。 3. 识别校园植物。	2

环节	课时名称	课时内容	课时
放眼城市生态建设	比较自然生态系统和城市生态系统	1. 认识自然生态系统的组成及种类。 2. 认识城市生态系统的组成及特点。	1
	设计并制作生态瓶	1. 利用瓶子、水草、沙砾、小鱼、螺丝等制作小型生态瓶。 2. 体会生态平衡理念。	2
	尝试规划和设计生态城市	1. 对上海的建设尝试提出自己的规划和设计。 2. 提出自己的生态倡议。	1

六、 教学过程

第一节课　调查身边的环境问题

（一）学情分析

学生在基础课程的学习中已经学过了调查和撰写调查报告，也学会了折线图的识图和分析，对于一些环境问题、资源问题和社会问题等也有了一定的认识。

围绕着"可持续发展"这一核心概念，通过交流"学校周边环境状况的调查报告"，用联系实际问题的方法做引导，用模式图解读作为评价，让学生理解要正确处理好人、环境与资源三者之间的关系，才能使社会可持续发展，并引导学生关注环境问题。

（二）教学目标

1. 通过交流"学校周边环境状况的调查报告"，用联系实际问题的方法做引导（学会调查）。

2. 用模式图解读作为评价，让学生理解要正确处理好人、环境与资源三者之间的关系，才能使社会可持续发展，并引导学生关注环境问题。

3. 通过"发现身边的环境问题，倡导环保从身边做起"，养成保护环境的责任感和行为习惯。

（三）教学重点和难点

重点：通过调查分析等研究方法，知道可持续发展对人类行为的要求、科学技术对可持续发展的支撑作用，从而认识可持续发展的含义。

难点：体会和形成可持续发展观。

（四）教学内容组织

教学流程：

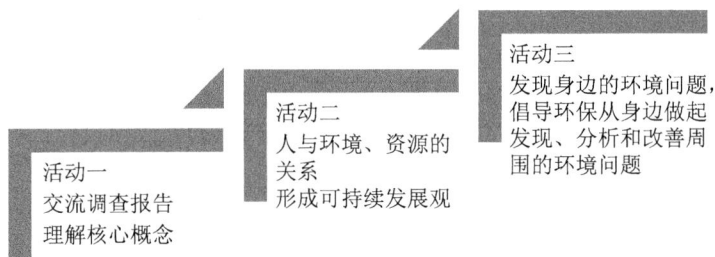

活动一
交流调查报告
理解核心概念

活动二
人与环境、资源的
关系
形成可持续发展观

活动三
发现身边的环境问题，
倡导环保从身边做起
发现、分析和改善周
围的环境问题

活动一：交流调查报告。

活动目标：通过交流课前调查走访学校周边环境与资源状况的调查结果，把人、环境与资源，以及环境问题等概念，通过联系实际问题的方法加深理解。详见表 5.4-2。

表 5.4-2

学生活动	指导要点
● 小组交流：过去的提篮桥——下海庙、探寻犹太人遗址、白马咖啡馆、摩西教堂、霍山公园等。 ● 小组交流：现在的北外滩——建投书局（边赏江景边品书）、新外滩（崛起中的文化新地标）等。 ● 思考：过去的提篮桥到现在的北外滩的变化与哪些因素有关？ ● 发现：在调查走访的过程中发现了什么新问题吗？（还有哪些地方需要改进的？）	● 运用校本教材《从下海庙到世界航运中心》若干篇章中学到的内容进行实地调查走访。 ● 引导学生可以借助手机、网络等现代化技术帮助完整调查走访的活动。并用 PPT 制作成"电子故事"呈现调查结果。 ● 引导学生思考人和环境构成统一整体（人创造了环境，同样环境也创造了人——马克思、恩格斯）；城市的发展也离不开科技的支持。 ● 引导学生发现一些环境问题。

活动二：人与环境、资源的关系

活动目标：通过分析人类社会与环境的模式图，引导学生归纳出为了保护人类社会的健康发展，一定要走人与环境协调发展的道路。详见表 5.4-3。

表 5.4-3

学生活动	指导要点
● 观察"人类社会与环境的模式图"，讨论人与环境的关系。 ● 交流人、资源与环境的关系。 ● 归纳：为了保护人类社会的健康发展，一定要走人与环境协调发展的道路。	● 结合课前的调查实践活动，观察"人类社会与环境的模式图"，讨论人与环境的关系。 ● 利用多媒体技术用动态形式帮助学生更好地理解模式图。 ● 列举上海春节期间禁止环线内燃放烟花是为了保护空气质量。

活动三：发现身边的环境问题，倡导环保从身边做起

活动目标：通过分析学校的环境问题，提出合理的建议并制作环保宣传，养成保护环境的责任感和行为习惯。详见表 5.4-4。

表 5.4-4

学生活动	指导要点
● 分析学校的环境问题，提出合理的建议。 ● 小组合作，就讨论、交流的环境问题制作倡议宣传小报，并向学校大队部申请做一期环保宣传活动。	● 强校工程以来，校园的环境已经发生了很大的变化。为了使我们的校园环境更精美，请同学们献计献策提出合理的建议。 ● 指导学生设计一份环保宣传活动的策划。

学生活动单

班级：_____　姓名：_____

活动一

思考：从提篮桥到北外滩的变化与哪些因素有关？

_____

发现：在调查走访的过程中发现了什么新问题吗？

（还有哪些地方需要改进的？）

_____

活动二

1. 观察下图，与同学们讨论人与环境和资源的关系。

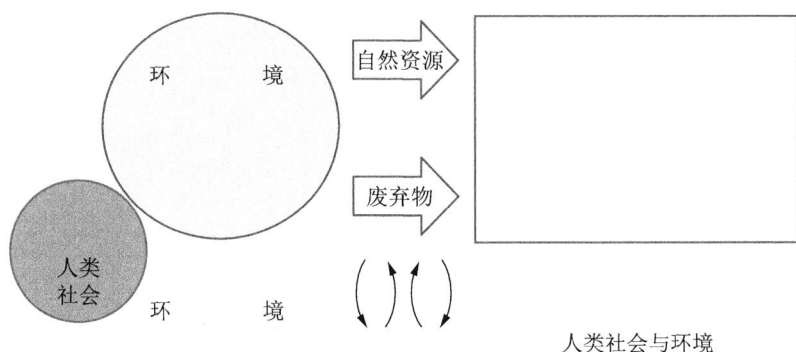

人类社会与环境

2. 我们认为人类社会从环境中获取_____。人类社会将废弃物排放到_____。

3. 如果人类社会的废弃物排放量增加，超过了环境的自净能力，那么，受到污染的环境又会影响_____。例如：_____。

因此，为了保护人类社会的健康发展，一定要走人与环境协调发展的道路。

活动三

分析：强校工程以来学校的环境也发生了好多变化，校园环境变得更整洁更优美，请大家说说校园的变化。或者对学校的环境问题，提出一些合理的建议。

_____

_____

拓展：小组合作，就分析的环境问题制作倡议宣传小报，并向学校大队部申请做一期环保宣传活动。

_____

关注身边的环境问题

班级：_____　　　姓名：_____

在老师的带领下尝试"从下海庙到世界航运中心北外滩"的调查活动，并尝试以小组为单位调查学校的环境问题，并给出合理的建议。通过实地观察、查阅资料、访问有关方面等方法，深入了解情况，并简要写出关于该环境问题的调查报告，格式可参考下表。

标　　题	关于_____问题的调查报告
目前情况	
形成原因	
采取对策	

第一节　教学实施的程序

表 5.4-5

环节	教学内容	教师引导	学生活动	教学目的
形成可持续发展观	调查身边的环境问题	1. 调查身边的环境问题。 2. 了解从提篮方舟到世界航运中心北外滩。 3. 形成可持续发展观。	尝试对身边的环境问题进行调查。 交流调查的结果。 形成可持续发展观。	通过调查身边的环境问题，初步形成可持续发展观。
	操作难点解析： 1. 通过设计表格，并带领学生对学校周围的环境进行调查。 2. 给学生足够的时间进行交流，展示学生的调查结果，使学生从中收获成就感。 3. 交流以后，比较从前的提篮方舟和现在的世界航运中心北外滩，在比较中发现可持续发展的重要性。			
	调查学校的环境问题	1. 调查学校的环境问题。 2. 给出合理的建议，提高环境保护的意识	小组合作，调查学校的环境问题。 提出合理的建议，形成环境保护的意识。	熟练掌握调查的研究方法，尝试发现问题、解决问题。
	操作难点解析： 1. 通过设计表格，引导学生在前一次老师带领下的调查，过渡到自己通过小组合作的方式对学校环境进行调查。 2. 在调查的基础上，提出合理的建议，引出空中生态园的建设，在调查、设计、实践等一系列活动中形成环境保护的意识。			

续表

环节	教学内容	教师引导	学生活动	教学目的
建设空中生态园	种植常见蔬果	1. 根据上节课调查后的建议进行实践活动。 2. 在学校空中生态园中种植常见蔬果。 3. 尝试在实验里进行无土栽培（水培）。	在调查的基础上，进行实践活动。 建设学校的空中生态园，种植蔬果。 尝试在实验室里进行无土栽培。	在调查的基础上，进行实践活动，建设空中生态园和无土栽培。
	操作难点解析： 1. 需要一些种植的工具，例如：锄头、铲子、手套等。水壶可以让学生用喝完的饮料瓶来制作。 2. 需要一些植物的幼苗和种子。空中生态园一般可以种植两季，春夏种辣椒、茄子、秋葵、番茄、空心菜等，秋冬种青菜、茼蒿、胡萝卜等。			
	观察植物的生长过程	1. 用表格记录植物的生长过程，并及时除草、杀虫。 2. 学习用自然笔记记录植物的形态结构和生长过程。	观察和记录植物的生长过程，及时除草、杀虫有助植物生长。 尝试用自然笔记的方式记录植物的形态结构和生长过程。	在实践过程中认真观察，用表格和自然笔记等方式做好记录。
	操作难点解析： 1. 设计空中生态园植物观察日志，帮助学生通过填写观察日志来观察植物的生长过程。 2. 在观察的过程中，引导学生积极思考，发现可以探究的问题，并尝试解决问题。例如：如何提高土壤的营养？如何除虫？ 3. 鼓励学生绘制自然笔记，将优秀作品送至自然笔记的比赛，提高学生的成就感、自信心。			
	培育营养土和生物防治	1. 用蚯蚓等小动物培育营养土。 2. 利用瓢虫捕食蚜虫等进行生物防治。	培育营养土，促进植物的生长。 利用生物防治的方法，促进植物的生长。	通过培育营养土和生物防治的方法促进植物的生长。
	操作难点解析： 1. 引导学生利用蚯蚓、马陆等腐生小昆虫来培育营养土。 2. 利用瓢虫捕食蚜虫等进行生物防治，促进植物的健康生长，也不污染环境。			
	收获的时节	1. 用剪刀收割学校空中生态园的蔬果。 2. 将收获的蔬果进行简易的烹饪。	收获空中生态园中的蔬果。 尝试对收获的蔬果进行简易烹饪。	在收获中体会劳动的成果，体会劳动的快乐。
	操作难点解析： 1. 用工具收割空中生态园的蔬果，注意安全。 2. 将收获的蔬果进行简易的烹饪，提高学生的获得感和成就感。			

环节	教学内容	教师引导	学生活动	教学目的
	探寻叶的功能	1. 探究叶的结构与功能。 2. 用收集的叶片制作叶贴画。	探究叶的结构与功能。 将收集的叶片制作成小作品。	认识叶的结构与功能，制作成作品。
	操作难点解析： 1. 可以借助 PPT、徒手切片以及叶片内部结构的模型，引导学生探究叶的结构与功能。 2. 收集各种各样的叶片，制作叶贴画，提高学生的学习兴趣。			
	探寻花的秘密	1. 通过花的解剖探寻花的结构与功能。 2. 利用采集的花朵制作手工皂。	解剖花，探寻花的结构与功能。 用花朵制作手工皂，勤洗手，预防流感。	认识花的结构与功能，制作手工皂，勤洗手，预防流感。
	操作难点解析： 1. 可以借助 PPT、花的解剖以及花的模型，引导学生探寻花的结构与功能。 2. 采集花朵（利用掉落的花瓣），制作手工皂。 3. 动员学生勤洗手，正确预防流感，保持身心健康。			
探寻植物的生存智慧	探寻果实的结构	1. 探究果实的结构与类型。 2. 酿制果酒，评选优秀酿酒师。	探究果实的结构与类型。 酿制果酒。	认识果实的结构与类型，尝试酿制果酒。
	操作难点解析： 1. 可以借助 PPT、常见蔬果的观察解剖，探究果实的结构与类型。 2. 用时令的果实酿制果酒，从中评选出优秀酿酒师，提高学生学习的积极性。			
	校园植物识别	1. 认识常见的食用植物。 2. 认识常见的园林植物。 3. 识别校园植物。	认识常见的食用植物。 认识常见的园林植物。 识别校园植物。	认识常见的植物。
	操作难点解析： 1. 可以借助 PPT 介绍常见的食用植物和常见的园林植物。 2. 带领学生参观、识别校园植物。通过拍照和记录的方式，进行植物的识别记录。引导学生着重从植物的茎、叶、花、果实等结构来辨别不同的植物。			

续表

环节	教学内容	教师引导	学生活动	教学目的
放眼城市生态建设	比较自然生态系统和城市生态系统	1. 认识自然生态系统的组成及种类。 2. 认识城市生态系统的组成及特点。	了解自然生态系统的组成及种类。 认识城市生态系统的组成及特点。	认识自然生态系统和城市生态系统。
	操作难点解析： 1. 通过森林生态系统来分析生态系统的组成。通过列举其他生态系统，认识生态系统的种类及特点。 2. 通过上海城市生态系统的分析，引导学生认识城市生态系统的组成及特点。			
	设计并制作生态瓶	1. 利用瓶子、水草、沙砾、小鱼、螺丝等制作小型生态瓶。 2. 体会生态平衡理念。	设计并制作生态瓶。 感悟生态平衡的重要性。	通过设计并制作生态瓶，感悟生态平衡的重要性。
	操作难点解析： 1. 利用瓶子、水草、沙砾、小鱼、螺丝等制作小型生态瓶。 2. 通过生态瓶平衡时间长短的比赛，提高学生活动的积极性。 3. 在活动的过程中，引导学生思考维持生态平衡的方法，以及认识维持生态平和的重要性。			
	尝试规划和设计生态城市	1. 对上海的城市建设尝试提出自己的规划并设计出自己理想中的城市。让城市返回大自然，让人与自然更协调的发展。 2. 提出自己的生态倡议。	对城市建设提出自己的规划和设计。 提出生态倡议。	用可持续发展的科学生态观来看待城市发展中的生态建设。
	操作难点解析： 1. 在生态瓶的活动中，理解维持小生态瓶平衡的不易，从而更珍惜上海城市生态的维持和建设。 2. 对上海的生态建设提出自己的规划、设计和倡议，形成可持续发展的科学生态观念。			

七、成果展示

（一）调查身边的环境问题，发现可持续发展观

　　带领同学们从身边的环境进行调查，学会调查研究的方法。在调查活动的过程中，了解从提篮方舟到世界航运中心北外滩的发展历程，从中发现城市的建设、发展离不开可持续发展的理念。在生动、有趣的实践活动中，提

高学生的科研精神。以事实为依据，为整个课程的生态理念打下基础。

（二）调查学校的环境问题，提高环境保护的意识

以调查身边的环境问题为基础，尝试以小组为单位进行学校环境问题的调查活动，通过调查发现学校存在的环境问题（例如：绿化面积小），为此给出合理的建议，提高学生环境保护的意识。

（三）建设空中生态园，种植常见蔬果

以学校综合楼的屋顶为场地，建设空中生态园。在空中生态园中，种植常见蔬果，让学生在实践的过程中激发、培养和发展自己的兴趣爱好，开发学生学习的潜能，陶冶学生情趣，促进学生全面发展，也有利于学校的生态建设和环境优化。

（四）观察、记录植物的生长过程，在实践中发现问题、解决问题

通过填写植物观察记录表，观察和记录植物的生长过程，并在实践过程中发现问题、解决问题。例如，在种子发芽阶段发现种子的发芽率不高并且出现霉变现象。发现此问题后，老师和学生一起设计探究表格，进行探究活动，通过查阅资料、思考和设计对照实验，对发现的问题进行研究，并尝试解决问题。

（五）培育营养土和生物防治，形成生态理念

为了提高土壤中的营养，有利于种植蔬果更好的生长，鼓励学生尝试利用蚯蚓等腐生小动物来培育营养土。在观察植物生长过程中发现一些危害植物生长的害虫，鼓励学生利用生物防治的方法进行治理（例如：利用瓢虫来治理蚜虫）。在培育营养土和生物防治的过程中，形成生态的理念。

（六）收获空中生态园的蔬果，并进行简易烹饪

学生利用剪刀等工具对种植的蔬果进行收割，在收获中感受勤劳换来成果的喜悦，养成爱劳动的好习惯。将收获的蔬果进行简易烹饪，并和小组同学、老师或家长一起分享收获的喜悦，学会分享、学会感恩。

（七）探寻植物的生存智慧，学会识别校园植物

通过探寻叶的功能、花的秘密和果实的结构，寻找植物的生存智慧，并将其制作成相应的小作品（例如：叶贴画、花瓣手工皂、酿果酒等），寓教于乐，提高学生的获得感和成就感。带领学生识别校园植物，为感兴趣的学生参加相应的科技类竞赛打下基础。

（八）设计并制作生态瓶，提高生态理念

利用瓶子、水草、沙砾、小鱼、螺丝等制作小型生态瓶。利用比一比赛

一赛（谁的生态瓶中的小鱼存活的时间长）的形式，提高学生的积极性，在设计、实践的过程中体会生态平衡的理念。

（九）对上海的城市建设，提出自己的生态倡议

通过一学期的空中生态园的自主学习，提高学生的生态理念，形成可持续发展的生态观念。以我们所生活的城市——上海为着眼点，放眼城市生态建设，用所学的生态理念对上海的城市建设尝试提出自己的规划和设计。例如：设计屋顶花园、设计城市绿化、设计理想城市——让城市返回大自然等。

八、评价反思

（一）领导支持，让自主学习课程融入日常教学中

我校的自主学习课程自开发以来，得到了学校领导的大力支持和切实的帮助。为了切实将课程落到实处，我们定期召开专题会议，并聘请专家指导帮助。从学校的现有实际出发，因地制宜利用学校现有资源，全面传承与创新陈鹤琴先生的"活教育"思想（实现跨学科综合学习的理念），同时以现代教育的理念贯穿其中，培养学生做现代中国人，为学生的终生发展奠定扎实的基础。专家、领导的指引给了我们方向与目标，是我们努力的信心与动力。

（二）勇于实践，让自主学习课程扎根于日常教学中

我们在空中生态园建设的初期，常常迷惑和无从下手。学校领导、课题小组的全体老师以及学校园艺师傅都给了我们很大的支持和帮助，让我们在实践中不断尝试、不断反思，在坚持实践的过程中取得收获和成果并不断改进、完善课程设计。

（三）注重研究，为自主学习的课程发展重视钻研的精神

在教学设计和学生活动设计中注重科研引领，以实践为基础，在实践中发现问题，注重引导学生科研能力的培养。在教学工作中要以研究者的心态置身于教学情境之中，以研究者的眼光来审视和分析实践过程中遇到的各种问题。例如：在种子发芽阶段发现种子发芽率低且容易发霉，教师应引导学生探究影响种子发芽的因素；在种植过程中引导学生思考如何利用环保的材料来培育营养土；当发现种植的植物有了病虫害，引导学生探索如何利用生物防治的方法对虫害进行治理。

（四）坚持不懈，为自主学习的课程开发提供不竭的动力

在课程开发和实践的过程中，难免会遇到困难和挫折。在学校领导、专家

指导和课题小组成员老师的不懈努力下，现在的空中生态园初具规模，而且随着季节的变化、随着种植植物的变化呈现出不同的形态和色彩。到了收获的时节，学生和老师们都可以去空中生态园参观。我们种植的蔬果绝对是绿色、环保、有机的作物，感兴趣的同学和老师也可以进行采摘，还可以一展你的厨艺。

（五）齐心协力，使自主学习课程形成强大的力量

本课程涉及的学科有科学、生命科学、历史、地理、美术、心理等，在学校领导、专家指导和课题小组成员各科老师的共同合力下，使自主学习课程形成强大的力量。科学、艺术、心理跨界融合，多学科共建和拓展，在内容、形式和系统上构建了跨学科综合学习的生态课程的创新平台，为学校办学特色的形成做出努力。

（六）共享交流，使自主学习课程提升专业的资源

跨学科综合学习的生态课程的开发建设，离不开各科教师的通力合作，更离不开各科教师的资源共享和分享交流。我们经常开会交流和共同研讨，集聚大家的智慧不断提升课程质量，提升课程资源。

附：活动图片

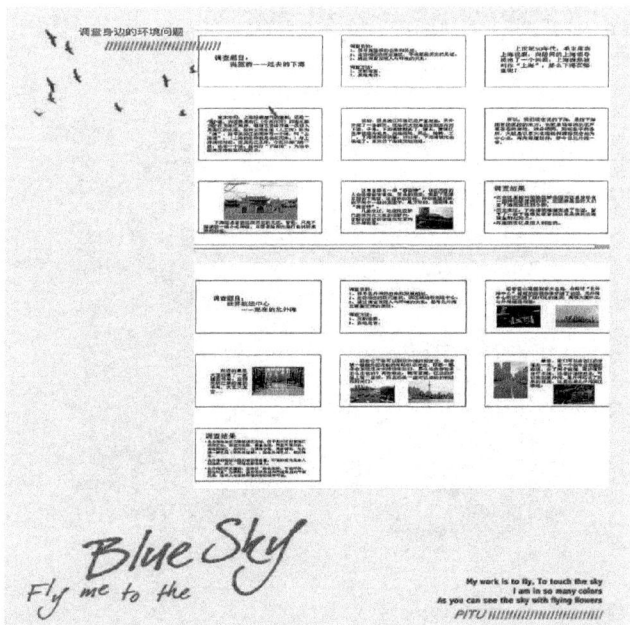

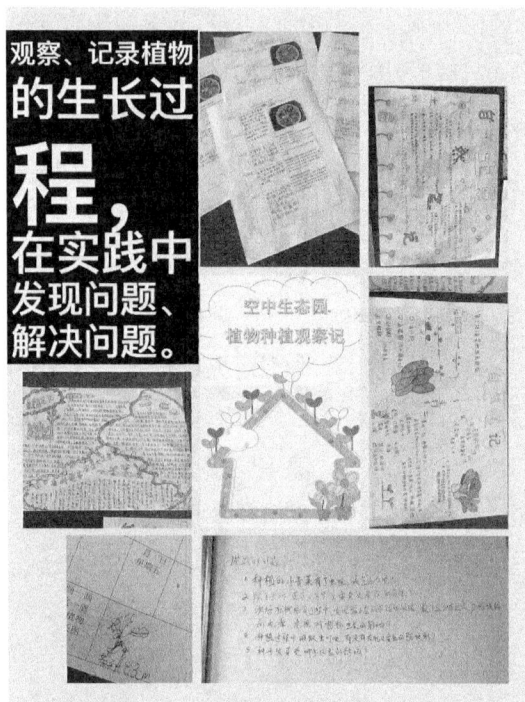

观察、记录植物**的生长过程**，在实践中发现问题、解决问题。

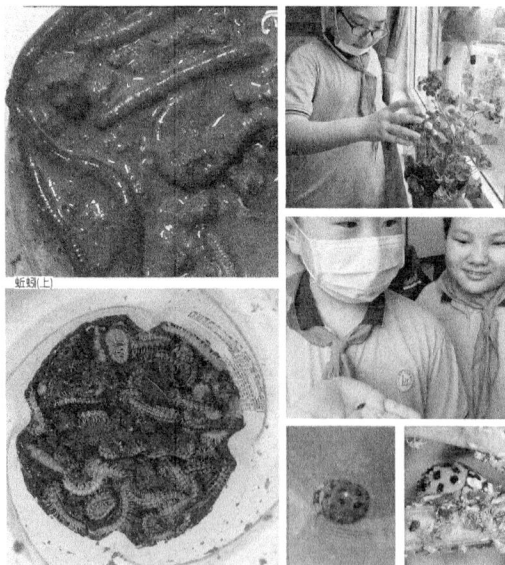

MIRACLES HAPPEN EVERY DAY

蚯蚓(上)

马陆(下)

培育营养土和生物防治

day dreaming

"
建设空中生态园，
种植常见蔬果。
"

收获蔬果，
简易烹饪

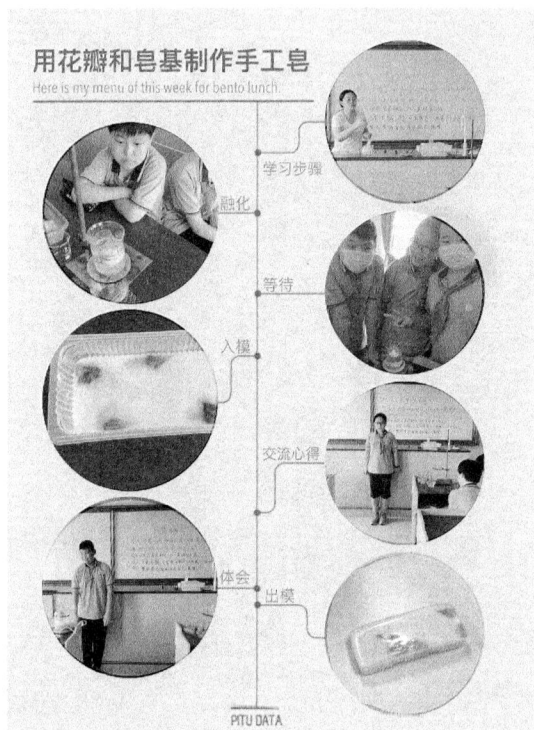

案例五　植物梦工场之"校园绿化设计"

上海市江湾初级中学　徐纪恩

一、课程的背景

江湾初级中学创新实验室以"植物梦工场"为主线，体现创新、智慧、生态理念，不仅整合了生命科学、物理、化学等相关自然科学的学科知识，还结合了学校教师开发实施的智慧型课程，借助现代信息技术，形成跨学科探究方案。校园植物作为学生朝夕相处最为亲近的自然环境之一，它所包含的显性、隐性课程因素正是教育生活化的有效课程资源，它将学生的生活、课程有机地融为一体。STEM课程将分科式的教育融合为一体，其整体性的视野和思维，成为认识世界顺应规律发展的重要思考方式。

2012年和2013年学校分别成功申报实施了"校本智慧型课程的开发与构建""校本智慧型课程的实施与评价"等区校合作项目。学校采取以学生发展为本，以"提兴趣、学方法、促思维、育品行"为目的，构建起以"轻负担、高效益、分层次"为特色的课程保障体系。

学校智慧型课程实施近十年，在课程开发方面投入了大量的人力物力，积累了丰富的课程开发、实施、评价等经验。智慧型课程理念"十二字方针"已深入全校师生人心。

在智慧型课程开发与构建过程中，学校培养了一批智慧型教师群体，让管理者、教育者的智慧才华得到了充分展示；培育了一批学习态度主动、学习方法灵活、学习习惯良好、学习成效显著的智慧型学生；制作了一批符合学生个性发展、满足学校内涵发展需要的智慧型课程活页讲义。"头脑大PK""电子书包——平面镶嵌设计""植物与我们的生活""探秘海市蜃楼"等成熟智慧科目为创新实验室开发奠定了基础，并在实践中得到了进一步提升。课程在总体布局上争取实现两个贯通：一是纵向把基础型课程和智慧型课程的实验内容上下贯通；二是横向将不同门类课程的实验内容左右贯通。

"植物梦工场"即依托校本智慧型课程，属于江湾初级中学的智慧科目群，课程涉及生命科学、物理、化学、数学、信息科技等学科领域。希望"植物梦工场"能在学校绿色生态建设中发挥真正的作用。本章节即以其中"校园绿化设计"为例，向大家展示该课程的目标和教学设计。

二、 课程的目标

创新实验室的创建是对传统实验室的"变革"与"再造"，它给予学生的不再是预设的"重现"和"验证"，而是一个可以张扬个性、激发兴趣、放飞梦想的实践平台。在这里，学生可以自主选择、自行设计，充分探索和体验创新的乐趣，由此而点燃的由思维火花、创造热情和学习兴趣凝聚而成的巨大能量，带动学校课程建设向更深更广的方向迈进，使学生各方面能力得到长足发展！

"植物梦工场"的课程方案重构：在现代教育信息技术环境支持下，激发学生学习自然科学的兴趣，搭建平台，让学生在活动中学会科学探究的一些基本方法，培养学生的基本科学素养。

在"校园绿化设计"科目设计中，学生通过对校园植物的识别，建立校园植物库，充分利用数字化信息技术，尝试资源共享，对校园绿化提出自己的设计，并以此为基础，对校园的绿色生态环境贡献自己的一份力量。

三、 课程所涉及的领域

本课程涉及生命科学、物理、化学、数学、信息科技等学科领域。

四、 年级及课时

开设对象：本课程需要有一定的信息科技知识和植物学基础知识，面向的对象主要是八年级学生。

本课程需 4 课时："校园植物调查" 2 课时、"我的花历我做主" 2 课时。

五、 课程总体框架

表 5.5-1   教学内容框架

单元名称	主要活动	活动目标	课时数
校园植物调查	学生分组 校园划区域 校园植物分布探寻 校园植物识别	准备阶段 知识储备	2
我的花历我做主	校园"明星花"筛选论证 江湾花历的设计	创新设计阶段	2

六、 教学过程

第一课   校园植物调查（2 课时）

（一）教学目标

1. 知道植物识别的基本途径和方法，知道植物识别所用到的外部形态特征。

2. 学会利用参考资料查询植物。

3. 通过观看资料，大致了解上海市常见植物。

（二）重点、难点

学会植物识别的基本方法。

（三）教师准备

各种植物识别参考材料：书籍、软件、PPT、网页、校园平面图、调查记录表等。

（四）教学环节和过程

表 5.5-2

教学内容	教师引导	学生活动	设计意图
引入	大家对我们的校园有什么感觉？校园里有哪些植物？是否会感到校园绿化不够？我们学校正在申报花园学校，如果校园绿化交给你来设计，你会从哪些方面着手呢？	学生思考并回答。	从生活中的实际情景着手，与学生生活相联系。任务驱动，更能激发兴趣。
一、植物识别	我们要对校园进行绿化，同学们首先要了解校园有哪些植物，并对校园植物进行识别。如果我们要认识这些植物，可以通过哪些途径呢？ 我们怎样来认识植物？ 1. 根据植物的外部形态结构特征。 2. 植物的习性（这部分要通过观察记录）。 植物有六大器官：根、茎、叶、花、果实、种子。 植物最吸引我们眼球的是哪部分？（亦即我们通过植物的什么器官比较容易识别植物？） 引导学生一起分析，为什么一般不把植物的"根"作为识别植物特征的依据，而其他五种器官一般都可以作为鉴别特征。	学生思考并回答： 1. 问老师和一些认识植物的人，比如父母，爷爷奶奶，邻居等。 2. 借助信息技术，上网查询。（如利用识花软件查找） 3. 查资料，查与植物有关的一些图册等。 4. 植物园、花鸟市场等实地考察。 …… 植物的根一般埋在地下，不能因为要鉴别该植物，还得把根挖出来。所以，我们在校园识别植物时，不建议把根作为鉴别特征。	植物识别，为绿化设计做准备。 头脑风暴，启发学生。 知道一些识别植物的基本知识。
二、植物识别参考工具的运用	教师介绍相关资料： 1.《了解植物关心生态——上海市中小学生常见植物识别系列实践活动手册》（纸质书、电子稿）。 2.《上海树木图说》。 3. 上海市常见植物 100 种PPT。 4. 识花软件或小程序的使用，如：形色、花伴侣、小程序识花君等。 5. 104 种路边常见的植物；上海市中学校园常见植物图鉴（百度文库）等。	在观看和使用这些资料的过程中，想一想，自己还在什么地方见过这种植物。这种植物有什么独特的地方能和其他植物区别开来？或者说这种植物有什么特殊的地方让人容易识别？	授人以鱼不如授人以渔。借助工具，同学们可以利用教师提供的这些资料，对植物进行识别。正如俗话说的"师傅领进门，修行靠个人。"

教学内容	教师引导	学生活动	设计意图
三、校园实地识别植物	上次课我们学习了识别植物的一些方法，今天我们就要到校园实地考察下，调查校园里有哪些植物。	跟着老师大致认识校园植物。要设计绿化校园，首先要搞清楚校园有哪些植物，我们还想增加哪些植物。	要识别植物，靠的就是多认、多看。
四、校园植物分布探宝	1. 出示校园平面图（见下图），引导学生看懂校园平面图。 2. 将学生分组，校园分区块，按区域认领各组负责的范围。（分4组） 3. 在平面图上标示植物分布。（可以先用数字标示，每个数字代表一种植物）	跟着老师在校园里，按照划分的区块，识别植物并完成"植物信息收集表"（见表5.5-4）。	为进一步制作校园植物地图打基础。

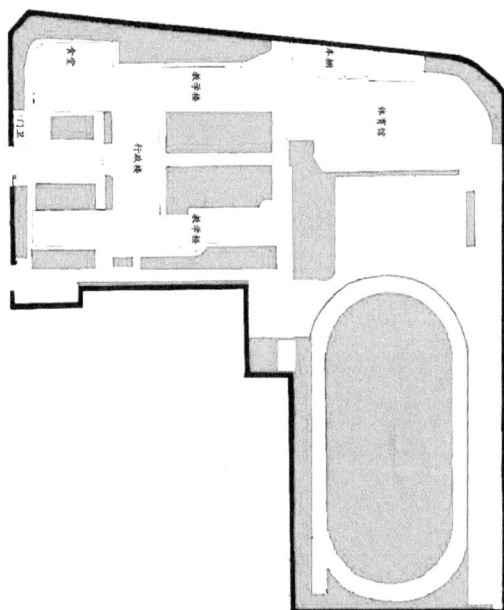

江湾初级中学校园平面图

校园植物多样性调查——植物梦工场课程学习单

_____小组，组长：_____ 成员：_____

回顾一下第一学期的课程（老师是怎样和你们讨论的，你们小组是怎样做的，表现如何等方面）

表 5.5-3

步骤	活动中，我做了哪些贡献？
发现问题	
确定目标	
拟定计划	
活动实施	我们组调查的区块是_____，范围是：
活动成果	我们为学校植物库增加了_____种植物。它们是：
我学到的技能	
心得体会	

表 5.5-4 植物信息收集表

区域：_____ 时间：_____

编号	植物中文名	拉丁学名	数量	植物特征描述

第二课　我的花历我做主（2 课时）

（一）教学设计说明

"校园绿化设计"是学校植物梦工场智慧科目群中的一个主题活动。在此系列活动中，教师带领学生调查校园植物种类，引导学生充分利用信息技术手段建立校园植物库，设计江湾独特的"花历"。

本节课"我的花历我做主"是系列活动之一，我们在前期工作的基础上，筛选适合校园花历的"明星花"，并对筛选理由进行论证，提出自己的花历设计方案。

（二）学情分析

本科目涉及的对象需有初步植物学基础，还需有一定的信息技术基础。因此，我们教学对象定为八年级学生。

（三）教学目标

1. 学生在"花历"设计过程中，通过信息收集、加工、整合，对植物进行筛选论证。

2. 学生在本次主题活动中，学会提出问题、分析问题、解决问题。

3. 学生在活动中体验合作分享的快乐，激发对校园的热爱之情，做校园真正的主人。

（四）教学环节和过程

表 5.5-5

教学内容	教师活动	学生活动	设计意图
引入	今天继续我们的研究，在这之前请大组长向大家回顾一下前期我们所做过的事情。 PPT 回顾前期工作。 主要内容：对校园植物的调查，建设植物库，综合各方面信息（含 I know 平台）查询后制作的花名片等。 今天我们的任务是对"明星花"进行筛选论证。	学生汇报前期工作。	通过对科目系列活动的回顾，明确本节课的任务。

教学内容	教师活动	学生活动	设计意图
讨论推举"明星花"	上次活动,我们对"明星花"进行了首轮海选,根据关键词"花期"初步筛选出了每月开花的植物,并制作了花名片。下面大家根据自己制作的花名片,分组讨论,推举出各自选中的"明星花"。将推选理由图示在大白纸上。(今天时间有限,我们每组先图示一个"明星花"出来)同学们要注意,制作花历应该关注植物的哪些因素? 大约给10分钟,请大家注意时间。	学生讨论,根据本组制作的花名片,决定推举哪一种为"明星花"。将推选理由呈现在大白纸上。	学会根据需求筛选信息。
展示及论证	现在请各小组展示推举的"明星花",并简要说明理由;其他组当评委可以提问或质疑,并论证所选择植物的可行性。 根据学生的讨论,教师引导学生筛选关键词。 (1)观赏性(园林设计):花相;花感;协调; (2)本地性(易于成活,成长,管理); (3)整体性:乔木、灌木或草本的选择; (4)落叶性:落叶花感强; (5)间隔性:花期间隔天数、长短; (6)适地性:水土条件基本一致,植物喜好相近; (7)经济成本; (8)江湾校园特色; (9)观叶,观果。	简要说明本组推举"明星花"的理由。 其他组提问或质疑,并论证所选择植物的可行性。 第一组:鲁冰花遇到问题,连线专家; 第二组:非洲凤仙花; 第三组:垂丝海棠引起争议; 第四组:夹竹桃引起争议。 学生提问,大家决定请教场外专家,现场连线! 将推举出的12个月的"明星花"贴到前面的墙上。	论证"明星花"的可行性,激发学生思维火花的碰撞。 学会提问。 通过各种学习渠道,达成目标。
方案设计	呈现暖房旁的空地图片。 "明星花"推举出来了,我们江湾特色的花历,同学们认为怎样布局(也就是花历的形状)会比较好?	头脑风暴,花历的设计。	再次激发创新思维。

教学内容	教师活动	学生活动	设计意图
小结	我们会将设计的方案递交学校。植物的生长习性不仅是别人的经验总结，等到这块空地种了我们挑选的"明星花"植物，我们还可以根据实际观察，调整种植的植物种类。等花历按照我们的设计种植出来，这一定是非常出彩的江湾一景。客人来到校园，我们能自豪地介绍这是我们设计的成果；等同学们将来离开江湾再回母校时，一定非常自豪：这是当年我们自己设计的。		

连线专家的问题一：

我们正在设计一款适合我们校园的花历，现在正在筛选每个月开花的植物。有一首歌叫作《鲁冰花》，是歌颂母爱的歌曲，因此，我对鲁冰花这种植物很感兴趣，通过上网，我查到它在中国台湾有广泛栽培，不仅花形独特而且色彩艳丽，而且通常是在 5 月份，即母亲节前后开花，在中国台湾被称作"母亲花"。我想请教一下专家，我可不可以在中国台湾采集鲁冰花种子带回来，有没有什么相关的要求？

连线专家的问题二：

你好，陈教授，上次听过您的讲座，现在我们在设计花历的过程中遇到了一些问题，想请教您一下。我们设计的花历，在植物的挑选时，除了关注花期之外，还有什么特别的要求或注意事项？

谢谢陈教授，我们在以后的研究中遇到问题，还要请教您的！

（五）教学反思

"校园绿化设计"是学校"植物梦工场"智慧科目群中的一个主题活动，"我的花历我做主"是系列活动之一。在教学过程中，我们有如下思考：

1．Who

课堂的主体是谁？以生为本不是说说而已，课堂不仅是教师的讲堂，更应该是学生学习的学堂，学生才是学习的主体，主角理所当然是学生。教师要把时间和空间还给学生，让学生有充分的时间去展示他们多姿多彩的学习过程。所以，在本次教学中，课堂的大部分时间是学生围绕任务开展活动，教师只是支持者和引导者。

2. What

课堂教学体现的是教师的教学技能，还是教学理念与教学模式？体现的是教师具体的教学方法与技能，还是学生学习活动的过程与方法？体现的是老师课前预设的课件答案，还是学生的活动成果？体现的是教师的个人口头表达水平，还是学生的精彩互动与对话？体现的是教师组织活动的数量，还是学生活动的质量？答案是显而易见的。

本节课学生在论证"明星花"的筛选时，学生之间相互提问、质疑，进行思维碰撞，都是非常精彩的，这些都与教师的课堂设计分不开。

3. How

怎样进行分享展示，学生将学习成果摆在大家面前就叫展示了吗？当然不是。智慧型课程不同于基础课，不是单纯的一个个知识点，而是会有一系列的实践活动，单独某一环节的展示都和其他环节是有关联的。展示离不开成果，但也不能仅仅是展示成果，还要体现过程，这个过程是学生的个体与集体的努力才能生成的。

4. Why

本科目是综合实践活动，同学们在生命科学学科基础上，充分利用信息技术，"技术不是为了用而用，而是应该有效运用"。开展植物识别活动的学校很多，怎样通过技术介入优化教学，实实在在对教与学产生影响？同样是观察植物做自然笔记，不擅长勾勾画画的学生怎么办？解决此类问题，我们可以借用印象笔记软件记录植物，利用云存储技术进行资源共享。新技术不是最关键的问题，如何发挥教师学生的智慧，运用技术才是关键。

七、 课程评价

采用过程评价和结果评价相结合，学生自评、互评与教师评价相结合的原则，以激发学生参与的兴趣和积极性（见表5.5-6）。

1. 活动中的表达、交流、参与及与他人合作等方面的表现。

2. 认识植物的种类。

3. 花历设计的参与度与创新性。

表 5.5-6　评价量表

活动过程	4	3	2	1	自评	互评	老师评价
1. 在课堂中的表现	积极主动参与，和同学合作良好	参与课堂，能与同学合作	参与课堂，不愿与同学合作	游离在课堂之外，没法与他人合作			
2. 认识植物种类							
3. 花历设计	活动中积极出谋划策，小组中起主导作用，有创意。	能积极参与策划					

八、经验总结

依托创新实验室，开创 STEM 实践

（一）试一试

2012 年，学校申请了创新实验室项目。我们第一次接触到 STEM、创客这些新名词，可供借鉴的国内案例也不多。当时我们制定了三条原则：

1. 以"植物""生态"为主题，学习空间设计、器材申购及项目设计都围绕这一主题进行。创新实验室也因此定名为"植物梦工场"。它是实验室和种植区。

2. 采用项目方式开展活动，这既是 STEM 的基本要义，也是促进教与学方式转变的尝试。

3. 打破学科壁垒，注重教师跨学科的专业协作，鼓励学生综合运用各学科知识解决实际问题。

基于这三条原则，我们开始了 STEM 实践。"植物梦工场"成为江湾的试验田，我们一起来试一试。

（二）理一理

该项目实施两年后，积淀了一定的基础，到了理一理设计、理一理结构、理一理思路的时候了。"植物梦工场"项目群在设置和结构上，形成了两个层面，第一个层面是普及体验型项目，适合低年段学生，可以为他们进一步的探究学习打基础（见表 5.5-7）。学生在活动中有机会发现自己的兴趣和能力所在，可以通过网络选课的方式，参与第二个层面，即兴趣探究型项目的学习（见表 5.5-8）。

表 5.5-7　普及体验型项目

编　号	主　题	指导老师
1	植物种子的分类与标本制作	上海出入境检验检疫局研究员
2	养蚕日记	徐纪恩、大队部
3	数据收集处理加工与表达	杨艳艳
4	校园植物调查	徐纪恩
5	植物提取物在纺织行业的运用	纺织博物馆

表 5.5-8　兴趣探究型项目

编　号	主　题	指导老师
1	校园植物分布电脑 3D 模型构建	徐纪恩、杨艳艳
2	水体富营养化与治理探索——不同营养条件下藻类的生长	周卫玉
3	探究植物对空气污染的影响	葛冬
4	万安河水质调查	葛冬

（三）拎一拎

STEM 实践的推进对项目的实施成效提出了更高的要求，到了定标准的时候了。我们反复研读《上海市中小学研究型课程指南》，根据市区教研室相关精神开始撰写本校的研究型课程纲要。在纲要中，我们首次明确了研究型课程的校本化核心目标是培养学生发现并解决实际问题的能力。根据初中生的认知特点，明晰了规则意识的养成与关键技能的发展是我校研究型课程的两大关键。规则意识我们重点关注计划先行、团队合作、知识产权。关键技能的发展我们重点关注论证设计能力、信息收集和处理能力、调查实验能力、交流展示能力、批判性思维等。

在我们设计的纲要中，有显性的分层描述和评价量表，对课程目标与学生表现的观察评价点做了具体阐述。纲举目张，有利于教师对学生进行过程性和分层次的评价，教学改进也有了依据。比如"我的花历我做主"就是依据本纲要重新制定了项目目标。

（四）再试一试

接下来 STEM 实践终于有章可循了。我们听取学生反馈、采纳专家建议、结合教师反思，再回到纲要主旨。纲要对 STEM 项目设计与实施具有指导作用，项目实践又反过来对纲要进行修订和完善，这才有了"智能实验器材DIY""我的花历我做主""春播行动""校园植物多样性调查"等一个个王牌项目的设计实施。

王牌项目"智能实验器材DIY"，现已打造成数字课程。同学们根据植物培养过程中对温度、湿度等条件的需要，运用机械原理和智能控制原理，借助Arduino板卡与传感器、效应器等器材，自行设计制作智能植物培养箱。设计这个项目的倪轶鸣老师获"上海市中小学中青年教师教学评选活动中小学研究型课程"一等奖。参与项目学习的丛沂笑同学制作的"植物温控箱"获"雏鹰杯——红领巾发明达人"挑战赛暨第十四届上海少年科学院"小院士"评选活动市级二等奖。

王牌项目"我的花历我做主"，教师指导学生在校园内进行植物信息采集，建立校园"植物库"，讨论推举"明星花"。学生设计的"江湾花历"，种植按季节次第开放的花卉，以钟表外形排列，形成江湾独特的"花历"。该项目荣获2016—2017上海市"百校创意绿园"活动最佳项目。

在进行 STEM 项目实践中，有一些深层次的转变值得我们关注。

1. 在"纲要"的指导下，课程观从局部到整体的转变

从单兵作战到协同攻坚，从目标离散到形散神不散。一个项目的开发优化，促进了教师理念与行为的转变。一个项目群的形成让教师体会到了STEM项目的力量。

2. 教学观从注入到促进的转变

有位教师的话给我们带来了惊喜，他说"刚开始的时候，学生的反应都在我预设的范围内。后来我发现有些学生的思路和我的预设不在同一条线上了。"这种教师的预设与学生的思路"不在同一条线上"的情况，恐怕正是真正的学习开始发生的预兆。这不正是我们所期待的吗？

3. 优化迭代开发的启示

项目一旦设计完成，就有面对不同学生反复实施的过程，优化迭代看似不断重复，实则是反馈修正的过程，最终不断逼近项目目标。优化迭代的过程不仅体现在一个项目的优化上，也体现在学校课程的顶层设计和管理流程上。

STEM 实践让我们从封闭走向开放，从分科走向融合，从重结果到重过程，从强调个体到关注合作，从知识学习到问题解决，从被动学习转向主动参与。

　　"植物梦工场"数字化创新实验室的配套课程，结合 STEM 课程的理念，采用跨学科教学的设计，使数字化课堂向自然、向生活无限延伸。教师早已不仅仅是知识的传递者，还是学习的支持者。经过实践，教师的理念和方式方法发生了转变，学生的学习也更加自主自信，课堂得到了虚拟和现实的有效结合。江湾"植物梦工场"STEM 实践，终会在学校"研究型课程纲要"的指导下，在做做、学学、想想、再做做的过程中完成螺旋式上升。

附：活动图片

区级展示课 1

区级展示课 2

区展示课——筛选校园"明星花"

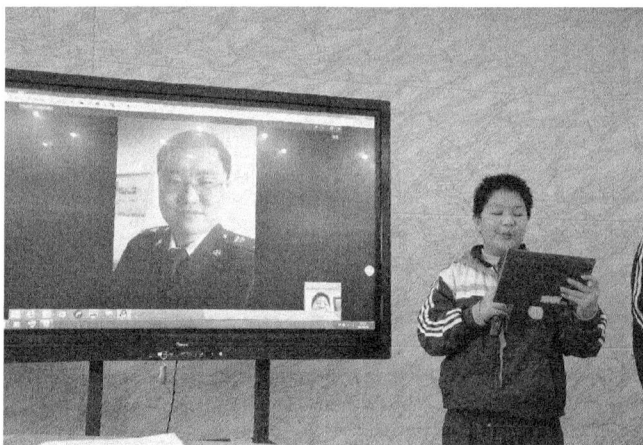

区展示课——与校外专家连线对话

案例六 走近"蚂蚁森林"

上海市霍山学校 吕典玮

一、 课程的背景

支付宝推出的"蚂蚁森林"自上线以来，将游戏的形式与低碳环保的理念相结合，受到广大用户的推崇，线下植树已超过 1 亿棵，"蚂蚁森林"也成为新兴的互联网公益平台。2019 年 9 月该项目获得联合国最高环保荣誉——"地球卫士"的"激励与行动奖"。

在这个公益平台上，用户步行替代开车、在线缴纳水电燃气费、拒绝使用一次性餐具和塑料袋等行为所节省的碳排放量，将被计算为虚拟的"绿色能量"，可以用来在手机里养大一棵棵虚拟树。虚拟树长成后，"蚂蚁森林"和公益合作伙伴们就会在地球上种下一棵真树，或守护相应面积的保护地。虽然"蚂蚁森林"种的树，在国家总的人工造林占比中微乎其微，但它的价值在于唤起了亿万人对公益、环保的热爱。

二、 本课内容

本次课程主要分为四个课时：第一课时主要介绍"蚂蚁森林"项目、该项目的初衷以及生态意义；第二课时主要介绍植树治沙，感受治沙人的勇敢和智慧；第三课时重点介绍"蚂蚁森林"中的明星植物，引导学生观察植物，理解植物与地理环境的相互关系；第四课时重点介绍"蚂蚁森林"的绿色能量收集，了解低碳生活。

三、 课程的目的

本课程希望以学生喜闻乐见的题材为切入口，让学生了解我国沙漠化、荒漠化的基本情况，了解我国治理荒漠化的基本思路，体会人类与生态之间的和谐发展的关系；了解荒漠地区的典型树种，体会生物与环境之间的相互影响关系；树立科学的生态观，了解低碳生活，让"低碳、绿色、环保"的理念走入学生心里，践行在日常行为中。

四、 课程所涉及的学科、年级及课时

本课程涉及的学科主要有地理、生物、美术等，主要针对的对象为六、七年级学生，预计四个课时。

五、 教学过程

第一课时 "蚂蚁森林"的缘起

（一）本课时的内容

本课时主要分为三个部分：一是了解"蚂蚁森林"的项目概况，二是了解我国沙漠化、荒漠化的基本情况，三是了解防沙、治沙的意义。

（二）本课时教学目标

1.通过观看教师课堂上演示"蚂蚁森林"，了解"蚂蚁森林"项目的基本内容，知道碳排放、碳账户。

2. 观看"蚂蚁森林"官方宣传片，了解"蚂蚁森林"与沙漠化治理的关系，理解种树这项公益活动带来的社会意义。

3. 了解我国沙漠化、荒漠化的主要地区，了解三北防护林和"蚂蚁森林"公益林所在位置。

4. 通过观看中国第一条沙漠铁路"包兰铁路"通车视频，了解防沙、治沙的社会意义。

（三）教学环节

1. 导入

观看"蚂蚁森林"的介绍片。

2. 演示并讲解"蚂蚁森林"

（1）演示操作"蚂蚁森林"

了解"收集能量""种树""保护地"等概念。

（2）观看"蚂蚁森林"的设计初衷的视频

"蚂蚁森林"名称中"蚂蚁"的由来是什么？

"蚂蚁森林"中的绿色能量是通过什么概念来进行兑换的？为什么绿色能量需要被计算或者交易？

（3）教师总结"蚂蚁森林"与碳交易

蚂蚁森林，看似是一项"手机种树"的游戏娱乐活动，其实却是利国利民的公益事业。

用户通过互联网记录自己真实的低碳行为，并将其转换为虚拟的绿色能量，而这种虚拟的能量却能真实地改变我们所在的地球环境，从而鼓励更多的人参与、产生更多的低碳行为。

一边是城市里的低碳生活，一边是荒漠化地区治沙前线，"蚂蚁森林"通过互联网和技术手段将二者有机结合在一起，最终构建成一个庞大的公益项目。

3. "蚂蚁森林"的公益林在哪里

了解我国的"三北工程"以及三北防护林。

总结：干旱、风沙危害和水土流失导致的生态灾难，严重制约着三北地区经济和社会的发展，使各族人民长期处于贫穷落后的境地，对中华民族的生存和发展构成严峻挑战。

4. 草方格与包兰铁路

介绍中华人民共和国成立以来治沙的缘起——包兰铁路。

了解我国第一条沙漠铁路"包兰铁路"被西方称为"不可能完成的工程"的故事，感受自然环境的恶化和沙漠化带来的"沙进人退"。

5. 总结归纳

想认识"蚂蚁森林"小程序很简单，但是想了解这项公益本身的价值是一件非常不容易的事情。因为荒漠化离我们很遥远，或者说沙漠对于我们来说是一个很陌生、很神秘的地方，本地学生对沙漠的认识，更多的是从书本上或电视报道中，没有切身的感受。本节课主要是以该项目为起点，去了解"碳排放""碳交易""沙进人退"等实例，既丰富了他们的见闻，也让学生了解"生态行动"本身是一种具有经济价值的活动，是与人类生活、生存息息相关的。

第二课时　"植树治沙"的奥秘

（一）本课时的内容

本课时主要分为三个部分：一是了解"麦草方格"的发明过程；二是了解我国沙漠治理的基本思路；三是设计治沙方案和种树神器。

（二）本课时教学目标

1. 了解"麦草方格"的发明过程，感受治沙人的艰辛和智慧。

2. 通过讨论人与沙漠之间的关系，理解我国沙漠治理的基本思路。

3. 通过了解沙漠中植树的原理以及常见的治沙手段，设计种树神器，制定治沙方案，并通过视频了解包兰铁路的治沙体系。

（三）教学环节

1. 导入

上节课，我们了解了全球第一条沙漠铁路——包兰铁路。然而，在沙漠中铺轨不是最难的，最难的是铺好的轨道常常受到流沙侵袭，无法正常行车。

曾有国外专家预言：包兰铁路"存活"不了30年就会被沙漠淹没。预言的依据非常简单，因为包兰铁路迎水桥至甘塘段周围沙丘裸露，植被覆盖率不足5%，干沙层厚达10—15厘米。但是如今60多年过去了，包兰铁路仍是一条非常繁忙的、畅通的铁路干线，带动了西部地区的发展。在这过程中，我国铁路又有了哪些科技创新呢？

2. 观看"麦草方格固沙法"探索的视频

观看视频，了解 60 年前，沙坡头段治沙经历。

总结：我们上节课看到的草方格的前身是麦草方格，它的发明就是在我国为了解决包兰铁路沙坡头段面临"被掩埋"的风险中通过实践摸索到的。请同学们思考，为什么麦草方格能固定住流沙？

3. 治沙思路——固沙、防沙

介绍麦草方格固沙的原理。

设问，沙漠是否需要被治理？沙漠对其周边的人类生活有什么影响？我们通常提到的治沙，治理的是沙漠还是沙漠化？

通过了解库布齐沙漠治理的思路，了解沙漠本是生态系统的一部分，从而了解沙漠对于全球水循环的作用，并理解真正需要治理的是沙漠化。

防护林工程只是用绿化带对沙漠边缘的"锁边"，使人为导致的沙漠化地区生态自我修复，而不是直接将沙漠变成绿洲。

4. 麦草方格之后的固沙新途径

介绍麦草方格之后区域的水分变化，了解沙漠中水的藏身之地，请同学们开动脑筋，设计麦草方格之后的防沙方案。

介绍草方格、"生物地毯"、沙生灌木种植等方式。请同学们设计"种树神器"。了解真实的种树神器。

5. 治沙防护体系

观看包兰铁路沙坡头段"五带一体"治沙防护体系视频，了解生态建设的价值和意义。

6. 总结归纳

学生对沙漠种树的难度和方法都是陌生的，或者说学生对沙漠的了解少之又少，因此他们对沙漠与人类活动的关系理解有片面性。本节课通过介绍治沙的探索过程，一方面使学生重新思考人与干旱地区之间的关系，树立可持续发展的人地协调发展观；另一方面通过学生活动，让他们体会科研工作的探索过程，进一步培养他们热爱科学、敢于探索的科研精神。

第三课时 请查收你的"梭梭树"

（一）本课时的内容

本课时主要分为两个部分：一是了解"蚂蚁森林"种植的主要树种及其

特点；二是以沙生灌木为主题制作一张书签或明信片。

（二）本课时教学目标

1. 通过了解梭梭树、花棒、柠条、红柳、沙棘等沙生植物，体会沙生植物的坚毅品质。

2. 通过制作书签或明信片，观察沙生植物的植物形态。

（三）教学环节

1. 导入

"蚂蚁森林"种树，不同植物需要不同的绿色能量，你知道它们当中最典型的是什么吗？

通过演示，展示每种树需要的绿色能量，得出最典型的树是梭梭树。

2. "蚂蚁森林"树种分布

（1）了解"蚂蚁森林"的各种树种，并收集整理这些树种的种植地，制成表格。

（2）树种按灌木、乔木进行分类。

（3）根据列表，判断列表中哪些植物是沙生植物。

3. 查收你的"梭梭树"

展示"蚂蚁森林"里种下的梭梭树、花棒、柠条、红柳、沙棘，介绍其主要特征和经济价值。

4. 制作书签、明信片

教师提供彩纸和彩铅笔，请同学们根据"蚂蚁森林"小程序中展示的植物简笔画制作自己的"蚂蚁森林"书签。

5. 总结归纳

学生通过绘画，观察沙漠植物，了解了我国典型的沙漠植物。在此基础上，进一步理解沙漠为一种生态系统的含义。

第四课时　收集"绿色能量"

（一）本课时的内容

本课时主要分为两个部分：一是了解"蚂蚁森林"中可获得能量的低碳行为；二是设计"低碳的一天"。

（二）本课时教学目标

1. 学生通过了解攻略，感知低碳理念和绿色生活方式。

2. 设计低碳活动的一天，更加使学生感受到低碳生活就在身边。

（三）教学环节

1. 导入

介绍"蚂蚁森林"小程序中"大树养成"攻略。

2. 讨论"蚂蚁森林"成为热门公益的原因

（1）支付宝的客户较多，能量收集方便。

（2）项目的目标定义为公益，项目的立意受人欢迎。

（3）通过"偷能量"的社交游戏，易于形成广泛社交网络，吸引更多的人加入其中。

互联网技术记录"蚂蚁森林"的每一位用户的低碳行为，把种树和建立保护地作为激励方式，帮助用户培养低碳习惯，持续提供动力，这是"蚂蚁森林"的最大价值。

3. 低碳攻略

介绍绿色出行、减纸减塑、高效节能、循环利用等具体的低碳行为和对应的"绿色能量"值。

4. 设计低碳的一天

以小组为单位，设计低碳生活的一天，并请小组派代表进行发言。

5. 总结归纳

"蚂蚁森林"将接入很多绿色低碳场景，攻略中展示了公众在衣食住行中处处可选择对环境友好的生活方式。学生通过设计"低碳的一天"，感受到生活方式的改变会让世界更加绿色环保，激励学生养成低碳生活的习惯。

六、 成果展示

（一）学生明信片

学生在了解了沙漠治理后，一方面感叹治沙工作者的不易和智慧，另一方面从沙漠植物中也感受到在恶劣环境下，植物传达出的坚忍不拔的精神。在教师指导下，学生绘制沙漠植物的时候，观察植物与自然环境的适应性，并在作品下方留下简短文字，更是反映出学生对低碳环保的思考。

将学生的作品塑封后回赠学生，学生收藏了当时的心情。通过学生的作品，更多的是激励他们在日后不畏艰难、敢于拼搏。

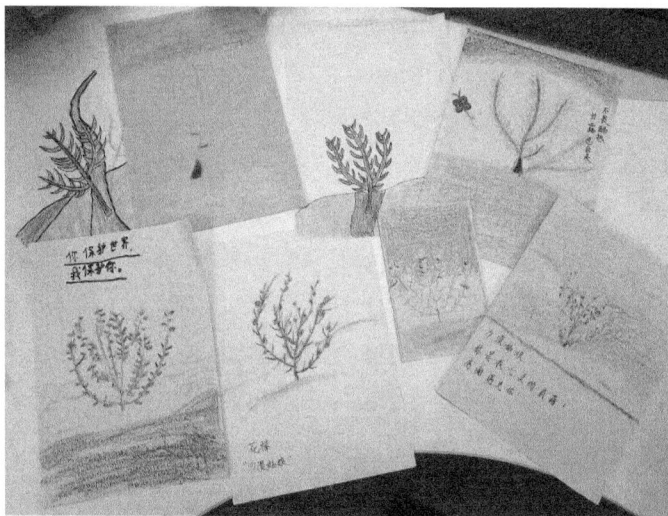

（二）学生创作"低碳的一天"小故事

第四课时，将小组代表发言一一录下，做成影像资料保存下来。学生能够在讨论中，合理安排自己的业余生活，也能很好地培养优化环境的生活方式。

七、评价反思

"蚂蚁森林"题材选择很新颖，通过学生熟知的切入点，引导鼓励学生积极参加公益活动，更多地承担社会责任，体现了立德树人的教育宗旨。

"蚂蚁森林"小程序由于需要手机来操作，对于初中生来说可能日常很难实现，在日后，我们可以建立霍山学校自己的"蚂蚁森林"项目，与其他课程、活动相结合，形成能量收集、碳账户兑换、公益林建成等实体项目，增加学生的参与度和获得感。

案例七　巧折生态光源世界

上海市北郊学校　朱燕青

一、课程的背景

上海市霍山学校在强校工程的大背景下，将折纸艺术渗透在教育教学中。折纸艺术不仅融合了动手、动脑能力，还融合了创新发展理念与传统文化。在愉悦"五指"的活动中，加强了各个学科的综合运用。通过所学的学科知识，使折纸的速度、难度、实用度和创新能力都得到提升。我们本着生态、健康、环保的理念，激发对未来生活、学习、工作的热情，在霍山学校引领的上海市第三轮提升中小学（幼儿园）学校领导力行动研究项目——生态课程下，从霍山历史发展，开拓霍山创新社团，将跨学科课程深入校园，与教师教学整合，体现跨学科综合学习为主的新型多元教学模式。

2020 年 1 月，全国上下一直备战着新冠病毒肺炎的防控，我们都**期望**疫情早点结束，脱下口罩正常工作、学习、生活；我们每一位学生都**守望**着自己，为疫情防控做出微薄之力；集体的力量是无穷的，大家的**众望**终将实现；健康是我们终身的常态，**希望**人类和自然界和谐共处。建立生态理念，守护生态环境，保持生态平衡。我们中学生是新时代的主力军，你们有梦想就有希望，有行动就有机会，有智慧就有成功，在各行各业都需要有环保、探索、改造的精神，都能做出自己的贡献。

二、 课程的目的

"巧折生态光源世界"是拓展性教学课程的延伸，是跨学科综合学习的体现。霍山学校的学生通过折纸社团系统学习，可以综合把握各学科的知识和技能，培养自己的宏观把控、微观的操作的能力。

（一）掌握了知识和技能

1. 通过跨学科综合学习理论知识和技能的学习，以及社团课上的光源成像原理知识和多种折纸技能的运用，锻炼学生的跨学科综合运用的能力。

2. 锻炼了学生在课堂上发现问题、解决问题的能力。

3. 在老师的引导下，学生掌握提问方法，如：设问、反问、追问等，可以帮助学生解决折纸过程中遇到的难题，对激发和发展学生的思维有着重要意义。

4. 通过折纸技术，提高了学生分析问题的能力，使学生学会了从生活、实践、学习中分类归纳问题。

（二）情感态度与价值观得到了提升

1. 通过折纸，不仅有利于促进学生参与拓展活动的热情，还有助于培养学生的创造潜力，为学生的学习发展奠定基础。

2. 从对社团的懵懂到对社团的喜欢，有兴趣、有乐趣、有自己的存在感，大家都在为健康、环保、生态共同创新而努力。

3. 通过合作，完成作品，获得成就感。

三、 课程涉及领域

本课程涉及的学科有语文、数学、英语、美术、物理、劳技、信息等。

四、 年级及课时

主要针对的对象是五至七年级的同学，共四课时。

五、 课程总体框架

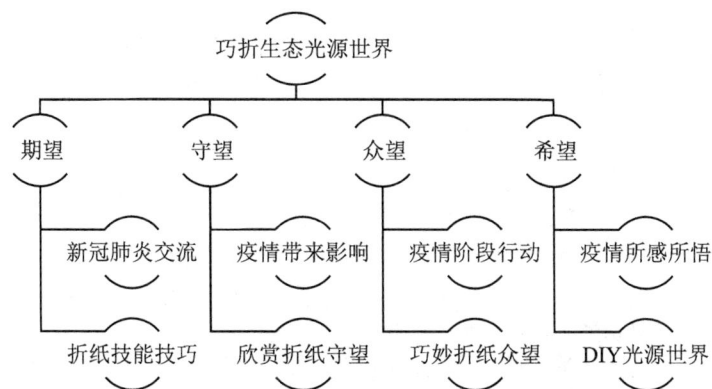

六、 教学过程

根据课程总体框架，本课程教学分为期望、守望、众望及希望四个部分。结构如表 5.7-1 至 5.7-4 所示。

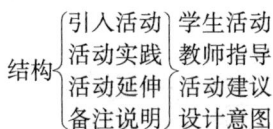

表 5.7-1　期　望

活动阶段	学生活动	教师指导	活动建议	设计意图
引入活动	互相交流新冠疫情你看到了什么。	引导学生将所看到的，结合新闻和自己的角色，说出想到了什么。	形式多样，可以通过故事、新闻等引入，可以通过两人或小组合作完成。	热身活动。学会站在别人的角度思考问题，全面分析问题，初步形成设计理念。

续表

活动阶段	学生活动	教师指导	活动建议	设计意图
活动实践	1. 从话题中引入生态，大家喜欢怎样的环境？ 2. 学生可以通过各种渠道展示生态作品。 3. 学生介绍自己的创作理念，通过表达分享，传递生态观念。	1. 教师可结合校园内的生态环境，说明生态健康的重要性。 2. 教师引导学生，对设计的作品理念进行讲解，并启发学生思考如何看待此次新冠疫情的发生。	在活动中，学生互相分享知识和技术，在分享中获取更多的"头脑风暴"，用来完善作品的后期制作。	1. 教师为学生做好前期的准备工作，指导学生思考的方向和创作的思路。 2. 循序渐进地进行生态折纸作品创作。
活动延伸	在活动后，结合新冠疫情及本身的能力，并参考这节课老师和同学的建议，继续作品的延伸。	指导学生多动手、动脑，通过反复实际操作，形成自己独一无二的作品。	通过不同的方式以完成作品的创造，如：查阅书籍、搜索网络、寻求家人的帮助等。	要学会借鉴同学的想法，取长补短，积累经验，创作更多的作品。
备注说明				

表 5.7-2　守　望

活动阶段	学生活动	教师指导	活动建议	设计意图
引入活动	说说你最近收集到的新冠疫情信息，这些信息对我们的生活有什么影响。	出示一段新冠病毒知识、防护要素和各地学生的作品。	引导学生认真聆听和观看，老师有意识地渗透关键词：健康、守护、致敬等。	1. 引入疫情影响的折纸活动。 2. 在感动学生的同时，让学生联想到自己能做些什么事。

续表

活动阶段	学生活动	教师指导	活动建议	设计意图
活动实践	1. 说一说疫情中的感人故事和平凡人。他们给了你的印象是什么？ 2. 想想代表健康的行为，收集健康的代名词和衍生词。 3. 在此阶段你能通过什么行动来表达你的心情。	1. 教师出示自己的作品：守望。 2. 象征意义：作品上呈现着人、动物、植物和谐生存，仰望着天空，承载所愿。由小到大的圈代表着大家万众一心克服困难。富有生气的力量。 3. 看到作品，你会想到什么？	结合老师的作品，结合自己的创意，巧手折纸众望作品。	通过不同途径，让学生认识只要有心，就能巧手表达心意，积极参与到防控疫情活动中，采用不同的形式表达自己的感情。
活动延伸	对各科所学进行整合，收集相关信息和创意理念。	鼓励学生做折纸的小老师，用一个个作品来表达自己的情感。	用多种形式进行探究活动，拓展跨学科思路。	继续鼓励学生关注折纸社团活动。
备注说明				

表 5.7-3 众 望

活动阶段	学生活动	教师指导	活动建议	设计意图
引入活动	畅所欲言，大家的更多想法：关注疫情同时你有哪些感想和行动？	引导学生想法和行动相结合，开拓探究拓展方向；抓住关键词：洗手、口罩、不外出、疫情、温暖、表达等。	以小组形式开展，互相学习，根据不同的能力和基础分配任务进行交流、归纳、总结。	1. 在述说和聆听的角色转变中，互相拓宽知识面和提高理念水平。 2. 感受疫情带来的各种影响，化为行动力。

续表

活动阶段	学生活动	教师指导	活动建议	设计意图
活动实践	1.表达行动多种多样，今天让我们将折纸作为载体，用双手来巧折作品，展板布置作品。2.用作品的呈现来温暖传情，表达对医务工作者和对义务奉献在岗位上的工作人员的敬意。	1.指导学生众望折纸的技巧，演示操作。2.折纸众望作品完成后，它需要与光生态结合，形成综合作品，社团的个人作品全面展现众望主题。	1.引导学生对自己众望的作品有所感触。用一句话概括折纸作品。2.疫情中守住小家，配合社区，情系医生，关注疫情，设计一个融合这些因素的作品众望。	教师的作品——守望与教师和学生作品——众望，承上启下，难度逐步提高，意义也慢慢提升，此次特殊新型冠状疫情对学生的影响；积极正面引导。
活动延伸	通过折纸和生态现象相结合，学会思考学会动手。	教师以作品展示，开拓学生的想象空间，折出更多的折纸作品。	推荐学生主动探究拓展的方法和途径，在过程中获取信息和折纸技巧。	将社团的点滴成就分享给更多的小伙伴，并将它们融入文理学科，达到跨学科的效果。
备注说明				

表 5.7-4 希 望

活动阶段	学生活动	教师指导	活动建议	设计意图
引入活动	学生自创折纸作品，结合当前疫情、情感和技能设计"希望"成品。	指导学生与生态相结合，加强学生的环保意识，设计综合性折纸。	做学生的指引者，有问题共同探讨，给予方法和途径，让学生亲力亲为这次作品。	学生在大环境下有所反思，利用自己所长，结合折纸动手技巧，以物传递温暖和表达对未来的希望。

续表

活动阶段	学生活动	教师指导	活动建议	设计意图
活动实践	1. 小组活动展开，先交流自己的折纸设计，聆听组内的组员好的思路和见解。2. 设计落实后，可以动手折出来，在折的过程中可以互相交流不断改进作品。3. 布置小组作品展板。	1. 鼓励学生将"希望"这个作品范围扩大，从不同的角度来进行创作。2. 指导学生"希望"可以是个人、团队、集体的象征。3. 作品所寄予的东西可以用文字记录下来。	1. 活动形式不是单一的，可以借老师、家长的力量，将内容融入创作中。2. 探索的途径也不是单一的，借鉴书籍、电子仪器、访问等注入本人作品的意义。	折纸的课程从STEM教学理念出发，跨学科的进行教育教学，培养学生横向和竖向借鉴所了解的学科，进行学科间的辅助学习，培养学生综合能力，在大环境新冠病毒疫情中，理性和感性相结合，成长为适合大社会的一代人。
活动延伸	大手牵小手，将折纸技能继续延伸，希望有更多的学生喜欢折纸，从兴趣中，培养出良好的学习探究精神。	与时俱进，跟着教育理念与学生共同学习，引领他们在学习上获取更多。	利用折纸原理，服务于学习，服务于生活。	创作学生感兴趣的折纸，传递引导学生探索折纸的隐藏知识。
备注说明				

七、 成果展示

社团课的开设使学生的个性和潜能得到了不同程度的发展，在有限的时间、空间、材料等跨学科综合运用制作中，提升整体把握作品的能力。在真实的情境中开展合作探究，习得知识、提升技能、淬炼思维、锻铸品质、陶冶情操、实现深度学习。

社团成员在寻找、发掘、提炼灵魂和核心的过程中，主要有以下收获：首先在知识立意上，跨学科增加了同学对光的直射原理接触；其次在能力立意上，通过反复的试验，形成光影，结合折纸技巧，摆放角度，运用光的特点直射出效果，在实践过程中创新，习得能力；再次在生活立意上，光是大自然的馈赠，取于生活，用于生活，结合社会进步和科技发展，让同学折纸作品和灵感取于生活，增强学生的大自然及环保意识，用于生活；最后在素养立意上，学生通过对新冠疫情的观察、想象和亲身了解、体验线上学习/宅家防病，隔屏感受着医务工作者的伟大和奉献精神，为自己树立榜样，具有迫切想要回归学校课堂的积极正面态度。例如：门佳翔是社团中的一员，原本不喜欢这门社团课，有抵触，但参与其中后，老师给他的鼓励引导，同学给他的帮助合作，让他将自己感兴趣的游戏世界和巧折光源世界相结合，完成作品，兴趣提升了，会主动探究作品，积极性一下子被带动了起来，最后一节课，老师给他一个赞，并表扬他：门佳翔，好样的！

八、 评价反思

表 5.7-5 社团学生评价表

姓名：_____ 社团：_____

评价内容	分类	形式	优秀	精成	熟能	备注
课堂表现	提问	活动过程性评价				
	合作					
	交流					
意识理念	学科	文档总结性评价				
	环保					
	创新					
动手动脑	模仿	作品综合性评价				
	模仿＋创新					
	创新					

巧折生态光源世界社团是来自五至七年级的学生，学生的年龄、兴趣、动手能力等都有一些差异，根据学情进行不断调整，有大手牵小手互助合作方法、有教师通过晓黑板 APP 多种方式激发学生的兴趣、有课堂一对一手把手教授折纸技巧等，课堂教学方式和形式都融入四节课中，让学生边学边想边动手。

在社团活动中，学生们结合了科学综合知识来探究作品的制作，学生运用劳技、生物、物理、信息、数学等学科，把所学的理论融入其中，如：折纸的动手技巧、怎样环保使用各种纸材料、采光技巧成就作品效果、光源采集借助信息技术、角度分层凸显主题等。探究精神需要当前 STEAM 教育理念的全程参与，需要师生头脑风暴，成就现在创新未来，让学生在活动中找寻乐趣，获取成就感，随处有学科的辅助和增加，这也是作为探究跨学科老师的教学目的和理念。

2020 年在疫情期间，学生在特殊阶段的社团学习中，给予自己更多的创想和理念，以健康生命、生态平衡、环保意识为基础，畅想未来，巧用跨学科的动手动脑技巧、巧学跨学科的理论知识方法、巧记跨学科的思维辨别的能力。教育是跨学科的，学生是综合性的，作为基层教育工作者，努力向社会和国家输入可用人才。

附：活动图片

期望

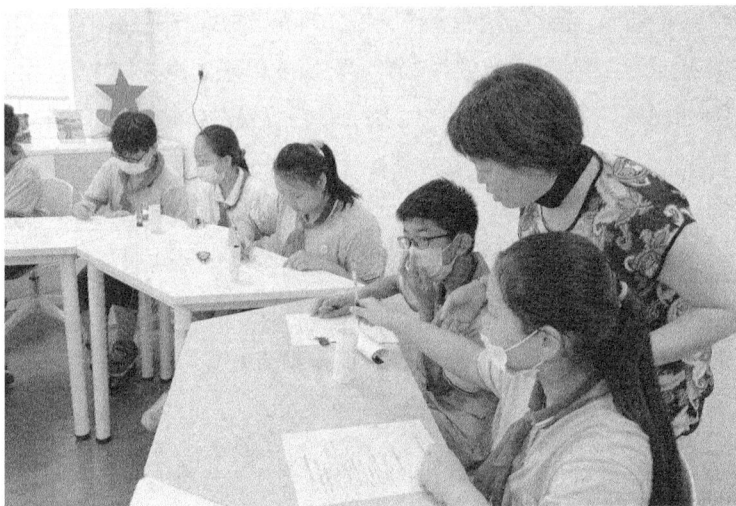

社团期望

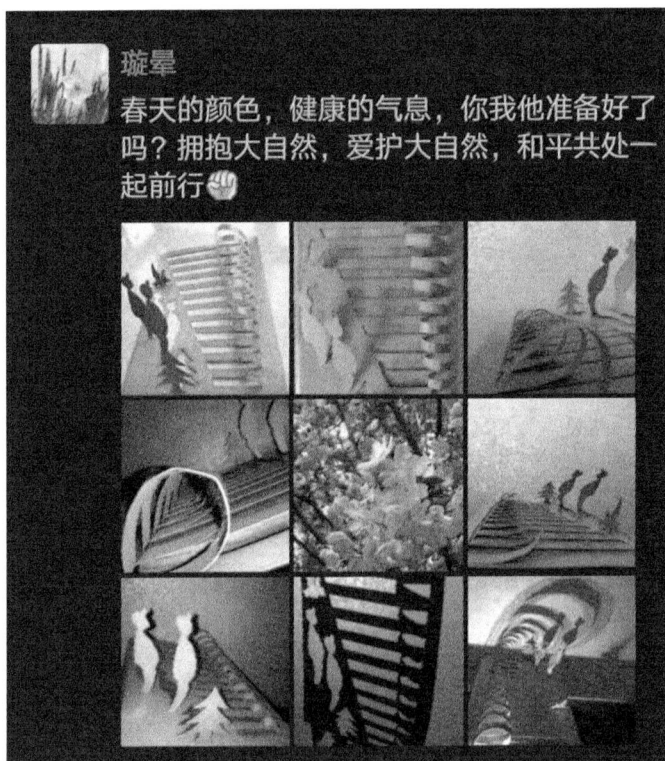

璇晕

春天的颜色，健康的气息，你我他准备好了吗？拥抱大自然，爱护大自然，和平共处一起前行👊

守望

守望未来

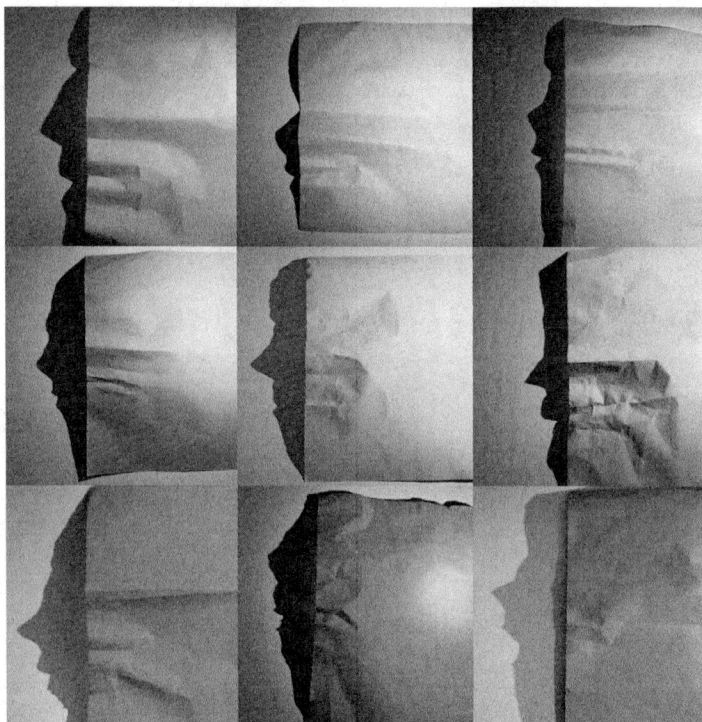

众望

不负众望

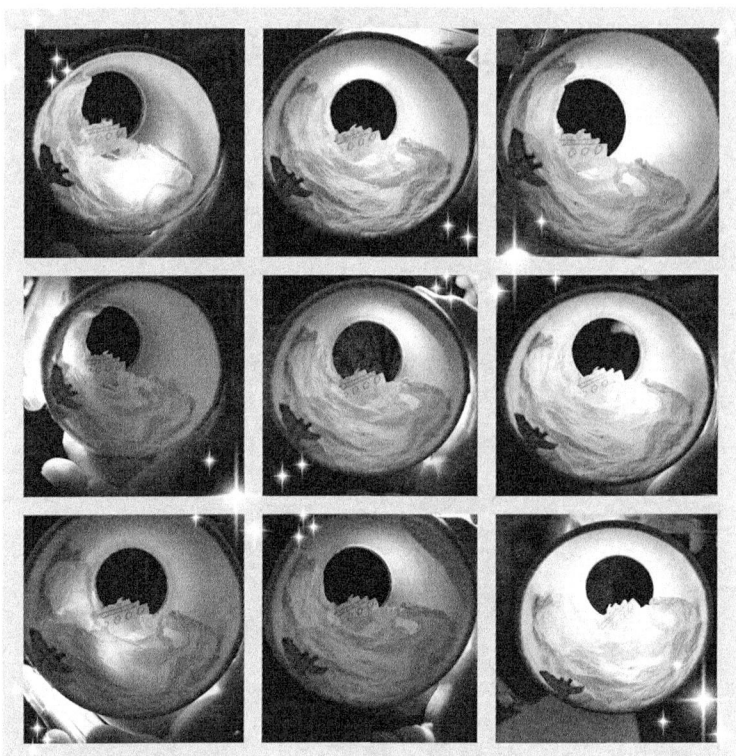

希望

创客希望

案例八　梅兰芳与中国京剧

上海市霍山学校　周　芝

一、　课程背景

京剧是我国的国粹，蕴含着深厚的文化底蕴和艺术内涵，集中体现了中国传统文化的精髓。我校本着弘扬民族文化，培育京剧爱好者，提高学生综合素质和艺术修养的育人目标，自 1998 年起，在校园内推广京剧艺术，课堂内开发了校本课程"梅兰芳与中国京剧"；课堂外有"少儿京剧培训基地"，多方位让学生感受京剧艺术的魅力。

《梅兰芳与中国京剧》是 2018 年优化后的第二轮校本课程文本，主要内容是在课堂内以"看、听、唱、演"等多种形式向学生普及京剧基础知识；介绍以梅兰芳为代表的京剧名家及其名作，让学生了解京剧艺术的同时也了解梅兰芳先生爱国、爱艺术的高贵品德。通过音乐、美术、信息科技及语文等跨学科综合学习，把京剧这门我国优秀的传统文化通过教育途径深入青少年的心中，这是建设中华民族共有精神家园的有效载体。在潜移默化中培养学生的综合素质，进而融入学校的文化建设。

　　课程共有 4 个单元，9 个课时，为了更符合当代学生的学习习惯、学习兴趣，每一课均有"京剧百科""佳作欣赏""京剧乐园"三个模块穿插其中，课程借助"梅之韵——创新实验室"，在传统授课形式的基础上，融入现代化教学设备，集科技感、艺术性、童真童趣为一体，让学生在课程中体验集学习、交流、活动、探究为一体的创新型（跨学科综合）学习京剧的方式。

二、　课程目标

　　丰富学生艺术知识，增强民族高雅艺术欣赏力。让学生懂得欣赏京剧，愿意学习京剧，学会表演京剧，培育京剧爱好者，营造具有京韵的校园。

　　"以文化人　以美育人"，培育学生具有人文底蕴、审美情趣、跨学科综合学习能力等核心素养。通过欣赏我校"梅之韵"京剧社团排演的京剧经典唱段，如：《穆桂英挂帅》《红色娘子军》等，在自主学习、合作探究中掌握以艺术为主的多种学科知识，培养学生爱国主义情结和民族自豪感，增强学生对民族艺术的热爱；培养学生树立传承中华优良传统文化的志向。

　　了解梅兰芳对京剧艺术发展的巨大贡献，学习梅兰芳"敬业爱国　宽厚待人"的高贵品质，积极为民族艺术的发展贡献智慧。

三、　课程所涉及的领域

　　音乐：京剧剧目赏析；京剧表演基本功、演唱、韵白、身段、舞蹈学习；了解配乐和演奏乐器。

　　美术：京剧服装、化妆及整体造型赏析；脸谱鉴赏、绘画；古代仕女图作品鉴赏、临摹。

　　语文：唱词及相关古诗词赏析、诵读。

　　信息科技：利用网络收集整理资料，PPT 制作、微视频制作。

四、　年级及课时

　　学习对象：五、六、七年级

　　修习方式：混龄自主选修

　　总课时数：12 课时

五、 课程框架

本课程共分为 4 个单元 12 个课时。每个单元的教学任务如下表所示。

表 5.8-1

单元名称	教学内容	教学目的	教学建议
中国京剧	1. 了解京剧的起源及基础知识 （1）京剧的形成及特点 （2）京剧的唱腔及表演 （3）京剧的服饰及脸谱 2. 京剧乐园 （1）选择生、旦、净、丑中一种行当，查找这个行当的演员以及代表剧目的相关资料，整理后在课堂上介绍给大家。 （2）学一学、念一念：丑角行当代表作《报灯名》。 （3）区分部分角色所穿戴的服装并试穿。 （4）小组活动：利用 App 了解京剧服装的款式及搭配。	1. 走近民族高雅艺术，了解京剧基础知识。 2. 初步懂得如何欣赏京剧艺术。	京剧艺术对大部分青少年而言是比较陌生的，如何让学生能接受京剧，激发学生学习兴趣是授课初期的重点。教师可以多设计图文并茂的文本材料；通俗易懂、深入浅出的文字介绍和课堂讲解，帮助学生更容易、更快地了解京剧，从而投入京剧艺术学习中。
梅派京剧	1. 了解梅派京剧起源及发展历程 （1）勇于创新　自成一派 （2）名扬世界　敬业爱国 （3）梅韵飘香　后继有人 2. 京剧乐园 （1）练一练　跑一跑：学习京剧中的基本步伐——跑圆场。 （2）小组活动：多角度、多形式学习梅派代表作《天女散花》。 （3）学唱梅派代表作《梨花颂》。	1. 了解京剧大师梅兰芳对京剧艺术全面的改革与创新。 2. 了解"梅派"京剧艺术的创立及发展过程，知晓"梅派"京剧代表作品。 3. 简单学习京剧基本功、演唱及表演，体验京剧"唱、念、做、舞"的艺术魅力。	每个学生的艺术学习基础和能力是有差异的，特别是初中阶段的男生，要直接学唱京剧或表演动作是比较困难的，单一的授课方式也极易消磨掉学生的学习兴趣。 教师可以基于学情，设计相应的项目活动，自主学习、合作探究、跨学科综合学习等方式都可以运用到现今的京剧课堂中，带给学生全新的京剧学习体验。

单元名称	教学内容	教学目的	教学建议
名家名作	1. 初步了解京剧艺术领域的名家名作 （1）四大名旦　四大须生 （2）现代京剧　当代名家 2. 京剧乐园（小组学习活动二选一） （1）选择印象最深刻的一位名家，查找其代表作进行赏析。制作 PPT 或小报在同学中讲解、推广。 （2）赏析现代京剧《沙家浜》《智取威虎山》或《红灯记》片段，感受并模仿现代京剧演唱方式、形体动作的特点，并进行合作表演。	1. 拓宽京剧艺术视野，介绍历代活跃在京剧舞台上的表演艺术家。 2. 领略不同时代、流派的经典剧目，了解当代京剧表演艺术的发展现状。	了解京剧艺术的历史与鼎盛时期固然重要，但知道现今京剧艺术的发展情况也十分迫切。只有理清京剧艺术的发展历程，了解古今名家与名作的精髓，才能更好地为传承、发展京剧艺术贡献智慧。
传承发展	1. 了解我校京剧艺术教育概况 2. 京剧乐园 讨论：京剧艺术在国际艺术舞台上的地位和作用；作为青少年如何更好地学习京剧并传承京剧艺术。以此为主题撰写课程学习的心得体会或尝试撰写小论文。	1. 回顾我校京剧艺术教育的途径、方法及成果。 2. 结合所学京剧知识，探讨如何传承民族文化艺术，做"现代中国人"。	我校自 1998 年起就开展京剧艺术教育，有着扎实的基础和浓郁的京韵氛围。基础校情让学生思考如何学习京剧、传承京剧，在培养学生综合素质的同时也将民族精神扎根于心间，更有利于学校特色项目长期发展。 教师可以根据校情、学情设计问题或活动，以达到传承民族高雅艺术，培育学生核心素养的目的。

教学案例示范：本教学以第二单元的"梅派"京剧的第二课时"天女散花"为例。

第二课　天女散花

本课时内容

一、欣赏梅派经典剧目《天女散花》片段，了解梅兰芳对此剧的改良与创新，包括角色服装、化妆、整体造型的改良，并在表演中加入长绸舞等。

二、基于学生在京剧艺术领域学习基础与学习能力的差异，将学生分为造型设计、京韵唱演及诗词鉴赏三个小组，以分组自主探究的形式多角度地深入学习《天女散花》。

本课时目标

一、了解梅兰芳对京剧《天女散花》的多方面改良与创新，丰富京剧艺术知识，提升对京剧艺术的学习兴趣。

二、以分组探究的形式，通过唱、演、创、念、赏、画等活动，领略《天女散花》的艺术魅力，提高京剧欣赏水平。

三、能够运用所学知识，从音乐、美术、文学方面多角度、多形式学习京剧艺术，提升小组合作学习与跨学科综合学习的能力。

教学过程

1. 课堂引入

播放我校少儿京剧培训基地学员《天女散花》片段的演出视频。

观看并思考：

（1）这一唱段出自"梅派"京剧的哪出剧目？　　（《天女散花》）

（2）这一唱段在演员的造型、动作表演上与其他剧目有什么不同？　　（学生自由讨论并发言）

2. 情境创设

教师根据学生回答进行小结，《天女散花》是梅兰芳先生早期经常演出的古装戏之一，他不仅为角色设计了"新式古装"的整体服化造型，还在此剧"云路"和"散花"两场中，创造性地使用了长绸舞，配合大段西皮唱腔和行云流水的唱词，将仙女在散花时载歌载舞、华彩而庄严的形象表现得淋漓尽致。

思考：我们可以从哪些角度或以哪些形式来学习这一"梅派"经典剧目？

3. 明确问题

师生共同分析，以学生现有的学习基础、知识储备和掌握的技能技巧，可以从以下几方面学习：

天女散花 { 表演：演唱、动作（长绸舞）
造型：服装、化妆、相关绘画作品
唱词：相关的诗词作品

4. 任务分配

基于学生在艺术，尤其是在京剧艺术学习领域的基础与能力上的差异，本次活动以分组探究的形式进行学习。

第一小组：造型设计组

探究《天女散花》中仙女造型的由来，鉴赏、临摹相关绘画作品，如：古代仕女图。

分析梅兰芳创新设计的京剧造型"新式古装"，包括"古装头"头饰、短款上衣并束进裙子凸显腰线的服装造型等。

试穿角色服装，了解服装的款式、穿着的顺序和方法（见下图）。

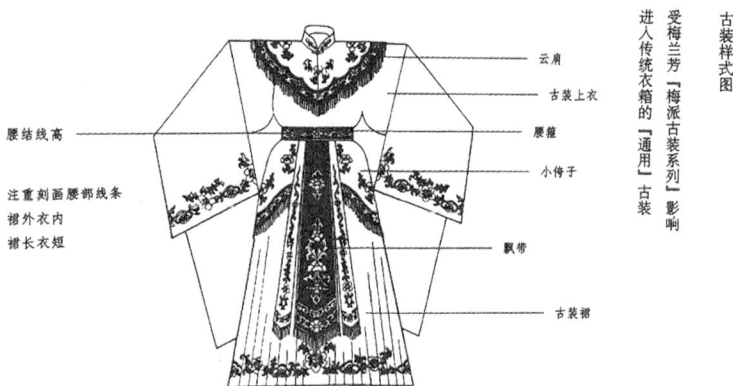

第二小组：京韵创演组

唱、演：自主学习《天女散花》片段的演唱和长绸舞的表演动作（向学校少儿京剧培训基地的专业老师学习演唱和动作；上网搜索"梅派"传人的表演视频，观看、模仿演唱和身段动作，见下图）。

创：选择部分长绸舞动作和梅兰芳创编的身段动作配合演唱进行表演展示。

第三小组：诗词鉴赏组

结合《天女散花》剧情主题和唱词内容，收集相关诗词作品进行品鉴。

尝试运用京剧表演中"韵白"的方式朗读诗词作品（可以向学校聘请的专业京剧老师请教正确的"韵白"朗读方式，见下图）。

5. 课堂小结

京剧是传统艺术，它既"古老"而又"年轻"，它不是"老年人"的专属，只要找到了合适的角度与形式，它也适合我们青少年去欣赏、去学习。

京剧是一门综合性的艺术，它不仅充满着艺术的魅力，同时也散发着人文气息，京剧艺术可以化身为"桥梁"，将音乐、演唱、舞蹈，甚至美术、文学连接在一起供我们去了解、去探究。

希望通过《天女散花》的跨学科综合学习活动，大家可以更多地接触到京剧艺术中的多元文化，拓宽视野，提升艺术修养与人文内涵。

六、 成果展示

二十年来，我校始终坚持以京剧艺术为引领，在校园内全面开展艺术教育，同时将陈鹤琴"做人，做中国人，做现代中国人"的"活教育"思想渗入艺术特色教育中，结合新思想、新形势，不断尝试新方法，开辟新思路，将生态理念与跨学科综合学习方式融入京剧教学中。让学生在民族艺术的熏陶中感悟中华文明的魅力，吸收其中的精华，促进个体全面成长。

二十年的倾力打造，学校的京剧教育得到了专家和社会的一致肯定，连续被评为"虹口区艺术教育特色学校（民族文化特色）""虹口区艺术特色项目学校"。多次受邀参加市、区各类展演，还经常刊登在《虹口报》和《上海中学生报》等新闻媒体上。每年的市、区学生艺术节我校都积极参加并屡获嘉奖。现将部分项目成果和获奖成果罗列如下。

2017 年：

虹口区区校合作项目：《基于 STEAM 课程理念的京剧艺术特色课程多学科整合的开发与实践》；

虹口区第二十九届学生欢乐艺术节戏剧比赛：集体一等奖《霸王别姬》；

上海市学生戏剧节：戏曲专场　中学组　二等奖《霸王别姬》；

虹口区第二十九届学生欢乐艺术节戏剧比赛：李享辕　二等奖《霸王别姬》；

虹口区第九次少代会闭幕式：京剧行当展示。

2018 年：

上海市教博会　京剧行当代表人物展示；文艺会演《霸王别姬》；

虹口区"传统文化课程进校园"活动展示、表演；

上海市民文化节校园中华戏曲大赛　饶雨涵获"百名校园戏曲之星"的称号。

2019 年：

虹口区第三十届学生欢乐艺术节戏剧比赛　张霞　三等奖；

虹口区第三十一届学生欢乐艺术节戏剧比赛　饶雨涵　二等奖。

2020 年：

"梅兰芳与中国京剧"课程科目纲要入选《虹口区初中中华优秀传统文化科目纲要与项目方案会编辑》并结集成册。

七、评价反思

（一）评价方法

"梅兰芳与中国京剧"的课堂实施，重视课程评价的正向激励作用，充分关注学生的学习和成长过程，以单项活动评价与整体课程评价相结合，自评与互评相结合的方式进行，如下表所示。

表 5.8-2　"京剧乐园——《天女散花》"小组学习活动评价单

评价内容	等级评价（自评）			
	A 优	B 良好	C 合格	D 须努力
学习认真，积极主动				
分工明确，协作互助				
敢于展示，声音响亮				
作品完整，讲解清晰				
表演完整，富有创意				
小组点评：				

表 5.8-3　《梅兰芳与中国京剧》课程评价单

评价指标	评价内容	等级评价（自评）			
		A 优	B 良好	C 合格	D 须努力
学习态度	对京剧艺术学习产生兴趣，能主动积极地投入各项学习活动中				
	勤思考、好提问、善质疑、会归纳				
	完成科目要求的实践活动（如：资料查找、学习京剧基本功、经典剧目赏析等）				
合作精神	能合理分配任务，彼此尊重				
	乐于合作，主动维护团队荣誉				
展示交流	能运用各种工具进行多形式、多角度地学习成果展示（如：京剧表演、绘画作品、小报、PPT 等）				
	善于倾听，能恰当表达自己的观点				

评价指标	评价内容	等级评价（自评）			
		A 优	B 良好	C 合格	D 须努力
学习成效	对本课程学习成效的自我评价				
小组互评					
课程评价	（学生对课程内容、教师授课方式等进行评价）				
任课教师综合评价					
备　注	综合评价是指导老师在自评和他评的基础上根据实际情况做出等第评价，也可附上评语				

（二）教学反思

京剧艺术是国粹，也是学校多年来的艺术特色项目。然而，要让学生真正了解、接受京剧，从而愿意学习京剧，进一步树立传承京剧艺术的志向并非易事。随着社会的进步，娱乐方式日渐丰富，传统民族文化已经变得曲高和寡。

多年的实践证明，单一的授课方式、一成不变的学习内容，只会让学生更加远离京剧。因此，优化教学内容，改进学习形式，是我们近年来京剧艺术教育实践的重点、难点。

2015年，我校建成"梅之韵——京剧创新实验室"，京剧艺术教育的硬件设施有了质的飞跃，开启了集科技感、艺术性于一体的京剧艺术学习新形式。2017年，开展区校合作项目"基于STEAM课程理念的京剧艺术特色课程多学科整合的开发与实践"，我校的京剧课程又有了全新定位与优化。首先我们优化了原有的课程文本资料，重新构架单元内容和学习活动，增设了"京剧百科""佳作欣赏""京剧乐园"三个模块穿插在每一课的内容中。特别是"京剧乐园"，将多学科的知识与技能整合在项目学习中，尝试跨学科学习的模式，让学生在学习京剧艺术的过程中，在课程目标达成的同时，提升创新意识和创造能力、团队协作与沟通能力。

升级后的"梅兰芳与中国京剧"开设时间为每周五下午，为学生自主选修课程。由于学校多年的京剧艺术教育已经打下扎实的基础，学校有着浓郁的京韵氛围，课程受到许多学生欢迎，甚至有不少学生多次选修京剧课。在每一轮的课程中，他们可以在不同的项目活动中习得新的知识，获得新的体验。

拿破仑·希尔曾说过："真正有学问的人，知道在需要时，应该从哪里获取知识，也知道如何把知识组织起来，形成明确的行动计划。"基于目前的教育教学现状与发展趋势，从学生的培养目标来看，"梅兰芳与中国京剧"还有许多有待改进之处，如课程在立足学校京剧艺术特色的同时，要更多地尝试跨学科综合学习的项目活动，通过项目实践培养学生的动手能力、合作能力及跨学科知识综合运用的能力。课程的不断升级、优化，对教师也提出了新的要求：一是教师要合理选择教学内容，梳理与其他学科的交叉融合；二是教师要有更准确的定位，不再是某一学科知识的给予者或者分享者，而是项目学习的众多协助者之一；三是教师更要与时俱进，选择更新颖、更具科技感的活动项目，也可尝试让学生自主设计项目活动，让学习更贴近生活实践，适应学生成长所需。

总之，在课程不断开展的过程中，学习各种学科以及跨学科的知识，培养学生的综合素养与艺术核心素养，是后续要进一步思考的重点。

附：活动图片

参加 2018 年上海市教博会，代表虹口区展示京剧艺术中的各行当并表演《霸王别姬》

参加第九届虹口区少代会闭幕式展示并表演京剧艺术

参加虹口区"庆六一"文艺会演，表演《梨花颂》

梅葆玖先生亲自来校指导学生京剧表演

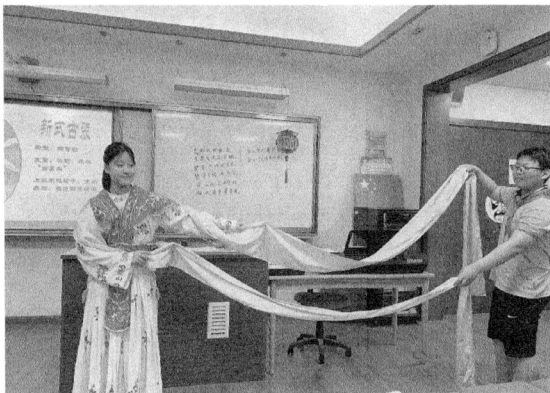

学生在课堂中试穿《天女散花》演出服装

在上海教育电视台录制"一校一品"文艺会演，表演"梅派"代表作《梨花颂》

在迅行教育集团迎新主题活动中表演《天女散花》

案例九　奇思妙想叶贴画

上海市江湾初级中学　徐纪恩

一、课程的背景

本校结合学校办学特色，将原来的探究型课程和拓展型课程进行整合，并延伸发展为具有本校特色的智慧型生本课程，意在开发以学生发展为本，以"挖潜能、提兴趣、学方法、促思维"为目标的课程体系（在后续的实施过程中，根据反馈将十二字方针调整为"提兴趣、学方法、促思维、育品行"）。本课程是在我们原有的探究型、拓展型课程多年实践积累的基础上，在学校智慧型课程理念指导下，再设计开发生成的。虽然内容还是原来的内容，但在上课的方式方法、活动的设计等方面力争体现智慧型课程的"十二字"方针。

学生看到不认识的花花草草，总喜欢问问老师，这是什么花呀？那是什么草啊？本校是上海市绿色学校，绿化资源丰富。我们粗略估计了一下，学校及周边的植物种类有近 50 种，这是非常有利的资源。我们结合"上海地区100 种常见植物"图片，进行了校园植物的识别；而叶贴画的制作可以大大提高学生的学习兴趣，同时可促进美育教育和语言表达、创新能力等多方面的培养，在很大程度上挖掘学生的各种潜能。

鉴于以上，本科目在设计上，一是为了符合学校课程建设的需要、学生的需要以及本人专业化发展的需要；二是充分利用身边的资源即校园植物，激发学生关心自己所处的环境，关心自然，具有低成本性，能将学生、生活、课程有效融于一体。

二、课程的目标

1. 通过叶贴画的制作及说明，学会创意的表达自己的设想。

2. 在活动中培养学生热爱植物、热爱自然的情趣，从而学会关心周围的植物、爱护绿化。

3. 分组协同，培养协作团队意识。

三、课程所涉及的领域

该课程涉及生命科学（植物学）、艺术、手工制作等领域。

四、 年级及课时

开设对象：不限年段，六、七、八年级学生均可。

1 课时：准备阶段，采集并干制叶片。

2 课时：创新贴制阶段，贴制作品并加创意说明及创作心理路程。

1 课时：分享阶段。

五、 教学内容框架

表 5.9-1

学生活动	课程名称	课时	主要内容
分组竞赛激兴趣	叶贴画制作准备	1	学生分组，自己推选出组长，给自己小组起一个响亮的名字和一句激励人的口号，并共同制订出小组活动中应该遵守的规则。 学生欣赏已有的叶贴画作品，分析所用材料，思考应该怎样着手创作自己的作品；到校园采集植物叶片；压制。
自主探究长智慧	创新贴制叶贴画	2	用已经干制的植物叶，贴制自己的创意作品，可以小组合作一个主题，可以自行创作。贴制完成后对自己的作品进行创意说明，用文字形式表达出来。
我行我秀展成果	奇思妙想叶贴画	1	展示叶贴画成果，对自己的作品进行展示说明，同学们评议。在评议基础上，完善自己的作品。

备注：

1. 每次活动评选出最佳小组，小组内评选出自己的最佳组员。在分组竞赛中激发学生的兴趣。

2. 叶片的选取、贴画的设计、作品的创意、作品的保护、叶贴画作品的评选等，都是以学生为主。教师引导启发他们选取适合自己的方式进行。在自主探究过程中，学生能力得到培养。

六、 教学流程

第一课　叶贴画制作准备（1 课时）

（一）本课目标

通过对叶贴画制作材料的讨论，激发学生创新思维能力。

（二）教师准备

叶贴画作品。塑料袋、厚书、吸水纸、标签纸等。

（三）教学环节和过程

表 5.9-2

教学内容	教师引导	学生活动	设计意图
引入：介绍叶贴画	大家见过豆贴画吗？它就是用各种豆粒根据一定的排列，制作出各种图画。还有用蝴蝶的翅膀贴出的画，像这类贴画很多。现在，我们就用植物的叶片来贴画。这里面会运用到大家的很多智慧。	通过老师的讲解和示范了解什么是叶贴画。	激发兴趣
展示一些成形的叶贴画	同学们，你们想不想也有自己的叶贴画？你认为要制作这样的叶贴画，需要准备哪些材料呢？	观察老师所展示的作品，研究这些画都是用什么材料做成的。最终同学们达成一致意见：首先要有各种干制叶片标本。还可继续探讨：怎么获取这些材料？叶片可以到校园采集，那么我们就自己动手采集制作吧！	用问题引导学生，激发学生的探索潜能。
学生分组	民主选举出小组负责人。给出纪律约束：其他班级同学都在教室上课，我们在校园活动，尤其在靠近教室时，一定要注意不影响他人。	在校园里按照自己的需要采集叶片（尽量多采集，素材多，更有利于创作），给定时间为15分钟，每小组有时间记录员，到时候提醒同伴回教室。	规则意识、团队合作意识的培养。
材料的选择	是不是采集植物叶片来就可以直接用了呢？给学生看直接用采集来的新鲜叶片制作的叶贴画，叶片已经皱缩。	学生观察，得出结论：叶片采集来后要先干制，才能制作贴画，这样叶片才能保持平整状态。	将知识转化为问题，设计的问题层层递进，引领学生自己来想办法解决。
干制叶片的方法	怎样才能干制叶片呢？腊叶标本制作方法。	将采集来的叶片展平整理，夹在吸水纸里，再夹到厚书中，并压到重物下。每本书前面用标签纸写好自己小组的名字。整理实验台。	让学生了解干制叶片的方法。注意制作的过程，培养学生的严谨的工作状态。
评比	教师总结，各组分享活动所得，并评选最佳小组和个人。	小组推选出最佳组员，评选出最佳小组——纪律表现各方面都比较好的。	生生互评、教师评价和小组评价，保证评比的公正性和合理性

对于叶贴画的制作，以前我是直接教授学生做的方法，然后大家按照老师的方法，直接创作自己的作品就可以啦。

如果想上出智慧课的味道，就不能直接告诉他们做法，而应该用问题引导学生，让他们自己探索做法。

所以一开始我是出示成品，让同学们一起分析，如果我们自己做，要用些什么材料。学生说当然要有植物的叶片，一开始有学生说可以将叶片剪成各种形状，但不过大家想了想，如果那样就失去了叶贴的真实意义了。除了植物的叶之外，应该还需要粘贴的工具，白卡纸之类的。

大家继续探讨：怎么获取这些材料？

叶片可以到校园采集，是不是采集来就可以直接用了呢？叶片采集来后要先干制，才能制作贴画。干制的过程是夹在吸水纸里，夹到厚书，压上重物，大概要几周时间。

植物叶的问题解决了，其他的就好办了。

第二课　创新贴制叶贴画（2课时）

（一）教学目的

1. 会制作叶贴画。

2. 能将自己的创意用文字表达出来。

（二）教学环节和过程

表 5.9-3

教学内容	教师引导	学生活动	设计意图
课前检查	检查上节课布置带的物品：铅画纸、双面胶、剪刀、笔。（对认真完成任务的学生给予肯定）	仔细检查上课所需物品，做好上课准备。	
构思并创作	用前面采集并干制好的叶片，构思创作一幅画。 要求：叶片保持原样，不能修剪。 提示： 1. 摆放：将各种已干制好的叶片，按设计的图案摆放好。 2. 粘贴：用双面胶把叶片按图案顺序粘贴于铅画纸上。 3. 保护：用平整的塑料纸外贴于白卡纸上，既可保护叶片又可使其美观。 4. 创意说明：将自己的创意用书面文字表达出来。 每人要求至少有一幅作品。	大家一起探讨怎样着手创作自己的作品，明确了目的、任务、步骤、分工，就紧锣密鼓行动起来。学生按照自己的构想创作叶贴画。给自己的作品命名，并将自己的创作意图用文字表达出来。	培养学生的思维能力、动手能力及语言文字表达能力。

第一次上这个课的时候，学生在制作过程中感觉到自己当初采集的叶片太少，不够用。所以在以后的准备课中，提醒学生多采集各种植物叶片，多些材料。

对自己信心不足，构思不出作品的学生，教师要多鼓励，多启发。

第三课　奇思妙想叶贴画（1课时）

（一）本课时主要内容

本课时为分享阶段：奇思妙想叶贴画。学生前面经过了叶片采集干制，写了创意说明及创作心理路程，这节课是在成果分享基础上，经过大家思维的碰撞，激发创意，对原有成果进行加工改进。

一般人用画笔作画，我们用叶来作画会产生怎样的效果？学生对此感到很新奇，想来尝试。我们说到"叶贴画"时，很容易让人联想到美术课、手工课，那我们如何体现其中的智慧特色呢？如何体现学科育人的价值呢？本课时想通过系列活动，以学生为本，体现发现的智慧，发现美、欣赏美、创造美。

（二）学情分析

本科目对基础知识要求不高，开设对象不限年级，六、七、八年级学生均可。

（三）教学目标

1. 培养学生的观察能力，发现树叶的自然美感，培养学生的审美能力。

2. 引导学生充分发挥想象，体会生活中创意无处不在。

（四）教学重点

激发学生的创意联想力。

（五）教学环节和过程

表 5.9-4

教学内容	教师引导	学生活动	设计意图
引入	一般人用水彩颜料作画，我们用植物的叶片来作画。前面两次课，我们进行了叶贴画的创作，现在展示一下我们的作品。	学生进行展示作品前的准备。	开门见山，直接点题。
展示和分享创意	每组推选一名同学，说明作品的创意及创作心理历程，其他成员可补充你认为的该作品的亮点。作品介绍完粘贴到磁板上。	学生分组派员展示作品。介绍完自己的作品后，粘贴到磁板上。	共分4组，每组1名学生介绍；介绍完后，其他成员可补充。

续表

教学内容	教师引导	学生活动	设计意图
启发创意	你喜欢这些画中的哪一幅？为什么喜欢？ 同学们说了那么多理由，接下来，我们一起归纳下，在叶贴画的创作中，需要考虑哪些因素。 1. 叶形构思：先采集叶片，根据材料创作，如小鸟、小老鼠等。这是片枫叶，你可以拿它来贴制什么呢？（比如可制作小金鱼的尾巴）还有其他想象吗？看这幅画，还能做舞裙。怎么样，这就是一叶妙用；这种比较写实而形象。又比如有的作品用的材料简单，但构思精妙，同样增色不少。 2. 主题构思：先构思，采集叶片，创作。 3. 情节想象：有些构图虽然简单但加上创意说明，也赋予了它新的含义，图画也一下生动灵活起来。 4. 添加修饰：根据叶的自然脉络，可修剪来使用。也有的辅助一些勾画，或者添加装饰品。	学生回答。 构图美观、协调。 色彩恰当、有意境、有创意等。	引导学生学会欣赏作品。 将学生的理由板书在画的旁边。 探讨"创意"。
创意延伸	在前期创作过程中，你遇到过什么困难？你是怎样想办法克服的？或者说这个困难到现在也没有得到解决？ 大自然中叶的形态各异，色彩各异，我们在制作作品的时候，也会遇到一些困难，就像刚才同学们谈到的那样。前期我们的叶贴画主要是根据自然叶形来创作的。通过今天的探讨，充分发挥你的联想力和想象力，同学们想想看，还能不能有所改进？或者赋予它更多的含义？ 也就是"形的完善，意的丰富"！ 今天我们也来一个叶贴画变变变！利用老师帮你们准备的一些辅助材料，完善本组作品。	学生谈创作过程中受到什么限制，想了些什么办法解决的。（1. 叶片形状、色彩、数量；2. 纸张大小；3. 找不到灵感等） 学生七嘴八舌 学生分组讨论，可以相互出主意，完善作品。	学以致用，智慧提升。 准备各种叶、蜡笔、彩色卡纸、小装饰物等。

续表

教学内容	教师引导	学生活动	设计意图
交流	我们来看一下各组完善的作品吧。展示完善后的成果，并简要说明完善的地方。别的小组也可以帮他们出出主意。	各组展示一幅经过加工的作品，说明在哪些地方进行了修改和完善。	通过分享、交流，对作品进行合理的评价。
小结	今天的学习有什么收获？在创作过程中我们体会到了简简单单的叶经过我们的奇思妙想，就会衍生出那么多富有创意的作品。充分发挥你的想象，创意无处不在！	说说创作过程中的收获。	锻炼学生的总结反思能力及语言表达能力。

七、评价反思

采用过程评价和结果评价相结合，学生自评、互评与教师评价相结合的原则，主要是为了激发学生参与的兴趣和积极性。

1. 活动中的表达、交流、参与及与他人合作等方面的表现。

2. 叶贴画的创新性。

表 5.9-5　评价量表

	4	3	2	1	自评	互评	老师评价
1. 学生在课堂中的表现	积极主动参与，和同学合作良好	参与课堂，能与同学合作	参与课堂，不愿与同学合作	游离在课堂之外，没法与他人合作			
2. 叶贴画作品	有创意，很满意	有创意，还可以	能完成一幅作品	不能完成作品			

八、课程教学反思

本课程的设计分为植物的识别、叶贴画的制作等。学生学习掌握常见植物的相关知识，在活动中享受到创新的乐趣！这一系列活动，有利于对学生自然认知智能、视觉空间智能、身体运动智能、语言智能等多种智能的激发，能充分挖掘学生潜能。学生感受过程，习得规律，学习方法，促进思维，发展智慧。知识、能力、美育可以在课程中得到体现。在活动中培养学生热爱植物、热爱自然的情趣，从而使学生学会关心周围的植物、爱护绿化。这里既有科学素养的培养，也有人文素养的培养。

本科目以叶贴画为载体，设计的系列活动能忠实地体现学校智慧型课程的理念：挖潜能、提兴趣、教方法、促思维。正如学生所说：人家都是水彩颜料作画，用植物的叶作画，第一次听说，所以很想尝试。而参加过一轮的学生再选择这个课程时说：我对上次的作品不够满意，还想创作更佳的作品。学生兴趣被调动起来，潜能得到挖掘。

叶贴画的制作，所涉及的就是植物标本采集和制作。如果仅仅是照本宣科教学生怎样制作，就成了单纯的手工课。怎样让学生成为课堂真正的主人，怎样帮助学生打开他们智慧之窗，点亮他们智慧的心灯？我想，兴趣应该是最好的老师！

在整个叶贴画的创作过程中，以学生为主体，我将知识转化为问题，设计的问题层层递进，引领学生自己来想办法解决。学生表现出浓厚的兴趣，思维活跃，思路广、点子多、办法多。从叶片的选取、贴画的设计、字体的选择、作品的保护，都是以学生为主，引导启发他们选取适合自己的方式进行。在自主探究过程中，学生能力得到培养。

怎样以教师的智慧激发学生的智慧潜能，帮助学生建构具有自我组织、自我进化、自我完善、自我构建、自我发展，具有独特个性的完整的集成智慧体系？怎样引导学生争辩、充满疑问、凸显探究、走向生活、唤醒智慧？怎样通过活动点亮学生智慧的心灯？这些都是我们在智慧型课程中要去寻找的智慧！我和学生都品尝到了那么些智慧的味道！

本课程的开设，从激发学生兴趣出发，学生学会了植物干制叶片标本的制作方法；面对遇到的问题，大家共同探讨，想办法解决问题，思维得到促进，挖掘出了孩子们的潜能，育人价值也得到充分体现。"思维是智慧的核心，情感是智慧的酵母！"

学生在学习收获体会中说："老师放手让我们创作叶贴画，有很大的想象空间，老师不是直接教我们怎么做，而是让我们观察成品，思考制作所需材料，然后自己去准备，这不是单纯的手工课或艺术课，它激发了我们的兴趣，开发了我们的潜能！"

设想——实践——反思——再设计——再实践，我想课程正是在这样的建设过程中得到完善的吧！

课程实施过程中有几件事情让我印象深刻。

1. 胆小小姑娘的勇敢

作品展示阶段，平时说话都听不清楚她说什么的文静内向的小姑娘，勇敢地第一个站起来展示她的作品。可能其他同学会认为她的声音还不够响亮，但我不忍提醒她再大点声，因为她这么勇敢已经很让我感动了。孩子需要平台，需要机会，也需要鼓励。这位小姑娘在活动中无论是贴制作品，还是写创意说明一直都闷声不响，认认真真。那么内向胆小的孩儿敢上台吗？当她的作品被组内同学推选出来时，我心里直打鼓。我带着期待的目光征求她意见，她不是很肯定地点了下头。胆小的小姑娘勇敢地上台了，她战胜了自我，也战胜了我！

2. 马虎孩子们的投入

孩子们很投入。作品展示时需要对作品进行评价，他们能发现作品中的亮点：有创意、构图和谐、色彩搭配好，还赋予了图画的诗情画意等；再创作时，他们分工合作，先讨论，然后或分工，或合作加工每一幅作品，不管是不是推荐出来展示的作品，都认真再创作，力求使每幅作品都更完善。在最后的交流中，孩子们涌现的创意也是层出不穷。事实上，学生在活动中充分地交流讨论，打开思路，碰撞出了不少出彩的火花。作品经过加工，在原来的基础上丰富了很多，体现了智慧含量！这些平时马马虎虎的孩子对感兴趣的事情照样能认真和投入的。

附：活动图片

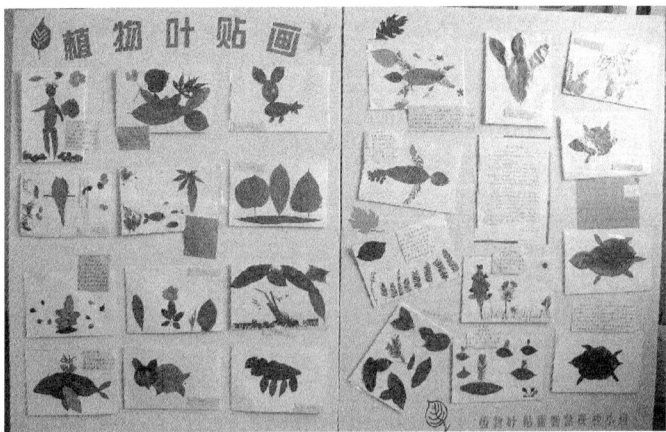

学生叶贴画作品展板

学生叶贴画作品选登于《虹口教育》

案例十　千变万"花"——软陶花条花瓶装饰

上海市霍山学校　徐悦唯

一、课程背景

　　生活中常常会有许多弃之可惜留之无用的物品，利用这些物品，并把它们变废为宝，不仅给这些物品找到可用武之地，还可能美化我们的生活。基于生态课程的主题，我校开展了一系列的跨学科生态课程。"千变万'花'——软陶花条花瓶装饰"是其中之一。软陶作为一种延展性良好、色彩丰富的新材料，受到许多人的喜爱。利用软陶色彩的不刻意融合，可以通过叠加卷曲等方法制作出如万花筒般的切片花条，色彩对比强烈，层次丰富，具有很强的装饰性。本课程中我们就一同来学习制作千变万化的软陶花条，并利用自己设计的花条，变废为宝装饰玻璃容器，制作好看的花瓶。设计制作的过程，不但提高了学生的动手能力，也培养了学生的环保意识。

二、课程目的

　　以花草纹样设计为主题，根据容器造型进行主题性纹样设计，变废为宝制成玻璃水培花瓶，同时，结合植物的特点用软陶花条合理搭配装饰我们的生活。本课程培养学生的以下能力：（一）动手能力，教师示范，学生尝试，按照计划，小组合作完成任务；（二）构建艺术设计学科、自然科学等跨学科综合学习的课程体系；（三）体会变废为宝，美化生活的生活态度。学生通过软陶花条的设计，装饰制作水培容器，在实践中感受生活情趣，在搭配容器造型和植物种类时，培养绿色生态循环的环保意识。

三、 课程涉及的学科、年级及课时

本课程涉及的学科有美术、劳技、科学、生命科学等学科。主要针对的对象为六年级的同学，预计 5 个课时。

四、 课程总体结构

（一）选取原则

软陶花条纹样千变万化，通过运用基础花色，进行色彩的搭配和切割，再组合设计制作出具有个性的软陶花条。我们在玻璃容器上组合装饰时，可以利用纹样设计的二方连续等排列方式进行搭配，展现个性。同学们也可以相互分享自己设计的花条装饰玻璃容器。在装饰完成后，可以选择合适的水培植物进行种植。

（二）内容架构

单元名称	主要活动	活动目标	课时数
认识软陶花条	熟悉软陶材料，了解软陶花条的主要形式	尝试练习制作螺旋纹、同心圆花条	1
花条制作 1 ——花朵纹	学习花条的切割组合	运用切割再组合的方式制作花朵纹花条	1
花条制作 2 ——树叶纹	学习拟物花条的制作	利用花条纹样的拼接组合制作树叶纹花条	1
花条装饰	运用花条装饰玻璃容器	利用不同色彩纹样的花条组合画面，装饰玻璃容器	1
装饰生活	完善修改、种植植物	结合容器造型种植植物	1

五、 教学过程

根据以上课程的总体结构，共有 5 课时，可以分为两部分：一是技法操作部分，一是跨学科融合部分。现在就第一课时的教学任务来设计教学流程。

第一课时 认识软陶花条

（一）本课时内容

本课时主要内容是学习软陶花条纹样制作和设计的方法。同学们在实际操作中运用纹样设计和色彩搭配，设计制作出有个性的软陶花条，并结合器皿造型装饰，提高审美意识。同学们在制作过程中，充分考虑绿色生态，用软陶花条纹装饰我们的生活。

（二）本课时教学目标

1. 了解软陶花条的艺术特点、材料、制作工具和制作方法。

2. 学会软陶的混色技法、学会软陶花条的几种基础花色方法。

3. 通过观察、教师示范，学生在动手实践中学会软陶花条的切割、重组等设计方法，在教师范例的基础上进行自主创新，制作出富有个性的软陶花条作品。

4. 在设计制作中，培养学生变废为宝的环保意识；在设计纹样和装饰容器时，提高学生的审美能力；在软陶制作中，培养学生的动手能力、小组合作能力。并在完成作品时，收获成就感。

（三）本课时的框架结构

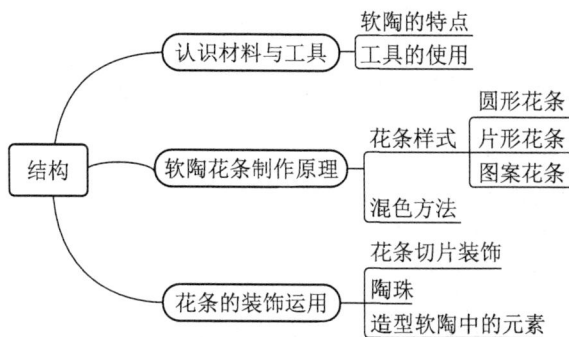

（四）教学环节和过程

1. 导入（视频导入，引发学生兴趣）

引导学生观看往期学员作品，了解软陶作品的多样性，培养学生对软陶制作产生兴趣。

2. 认识软陶的材料和工具

认识软陶的材料性质、基本颜色。通过实物接触感受软陶材料与超轻黏土、橡皮泥等材料的区别。老师结合实物介绍软陶制作的基础工具。

3. 认识软陶花条

知道软陶花条的制作原理，利用软陶色彩的不刻意融合，可以通过叠加、卷曲等方法制作出如万花筒般的切片花条，其色彩对比强烈、层次丰富，具有很强的装饰性。通过实物和图片，了解软陶花条的基础花色。（圆形花条、片形花条、图案花条）

4. 了解花条的装饰运用

结合图片和实物样例介绍千变万化的软陶花条可以运用在什么地方。（花条切片装饰、陶珠、软陶造型中的花纹元素）

5. 实际操作

软陶制作前期准备：

（1）做好清洁工作，将工作台面、工具和双手清洁干净，以免软陶混色。

（2）反复揉泥至表面光滑无起泡、开裂等现象。

结合工具介绍，学习花条制造中常用工具的使用方法。

第一课时以螺旋纹花条为例，学习擀面杖和美工刀的使用方法。通过擀、切、卷、拉长等步骤制作螺旋纹花条。

学习软陶双色渐变的制作方法，运用制作好的渐变软陶制作渐变花色同心圆花条。

6. 归纳小结

软陶材料作为一种延展性良好、色彩丰富的新材料，受到许多人的喜爱。利用软陶的不刻意融合性质设计制作软陶花条装饰我们的生活，在第一课时简单了解软陶的材料性质和工具的使用，在实践动手中感受软陶花条设计制作的乐趣。下一课时我们将进一步了解软陶，学习软陶花条的切割和再组合。

六、 成果展示

（一）建立学生社团

软陶课已经成为我校学生喜爱的课程，我校也开设了不同种类的软陶课程，如：创意软陶——动物篇、创意软陶——植物篇、软陶与生活——实用装饰篇、千变万"花"——软陶花条设计。通过丰富多彩、种类多样的软陶课程，学生在设计制作中感受软陶的魅力。在未来的教学中，我校将会进一步完善软陶相关课程，打造循序渐进适合中学生参与的软陶类艺术课程。

（二）参与校园活动

软陶作品受到学生和老师们的喜爱，在我校多次校园活动中，都有学生软陶作品的加入。如，我校八年级学生十四岁生日时，参加软陶拓展课的同学们就代表学校制作了用软陶花条装饰的花瓶作为礼物送给了他们，让八年级同学感受十四岁别样的青春。

（三）建设教师素养类课程

软陶教学不光受到学生的喜爱，也受到了许多老师的喜爱。在每学年的工会活动中，我校都会开展相关软陶课程，教师们在日常繁忙的教学工作之余，借由软陶课程不仅培养了动手能力、放松了身心，而且制作出的作品还能美化办公环境、拉近与学生之间的距离。

（四）展现校园文化

软陶课程还是很好的展示窗口。在开学第一课、校园开放日等活动中，软陶社团的师生们都以游园会的形式让参观我校的老师、家长和学生们都参与制作，感受软陶制作的魅力，展现了我校丰富多彩的校园生活。

七、总结反思

在实际教学过程中发现，软陶花条的基础制作难度不大，学生都可以按要求制作出基础花条，但在花条的切割和组合以及装饰玻璃容器时，学生往往缺乏创新能力。由于日常作画多在平面纸张上，而软陶花条设计需要运用空间想象力和整理设计能力，学生们对此有所欠缺。在以花草为题材设计花条时缺乏创新意识，还是以整体平面化的设计为主，没能充分利用软陶可切割和可叠加的特点设计立体花纹。

通过本次的教学，我发现本课程还有许多需要改进的地方。比如在基础花条纹样的选择上，我主要教授了圆形花条，缺少片形花条制作。因此在制作时学生对于花条的切割再组合不能很好地掌握，这样对花条的纹样设计就缺少了可变性。在变废为宝的材料上，我提供的样例也不够丰富，同学们对花条的装饰设计局限在了瓶装玻璃容器，没有想到盘、碗等其他造型容器。在之后的教学中，我会根据实际教学情况，调整课程内容，添加学生跨学科探究的过程，比如通过调查和实验寻找可以作为花条装饰载体的材料，将跨物理学科的知识融入我的课程中来。

除了物理学科，在第五课时选择合适植物进行种植时，我考虑的也不够全面，只考虑了视觉搭配，而对于植物的特性缺乏考虑。在之后的教学中，可以与自然科学结合，在探究不同植物生长需要的要求后，根据植物特点改造装饰植物容器。

附一：活动图片

（一）活动图片

附二：教学实施的程序

环节	教学内容	教师引导	学生活动	教学目的
花条制作1——花朵纹	同心圆制作	复习同心圆制作	选择合适的色彩搭配，制作同心圆	熟练掌握工具使用，制作基础花条
	花条的切割	教师示范花条切割方式	学习花条的切割	运用切割再组合的方式制作花朵纹花条
	花条的再组合	教师示范花条组合方式	学习花条的组合	
	操作难度解析： 花朵纹花条制作难度在于花条的重新组合，再组合时要启发学生的创意，设计组合有创意。			
花条制作2——树叶纹	渐变同心圆制作	复习双色渐变制作	选择合适的颜色制作渐变同心圆花条	复习软陶的混色方式
	观察树叶纹切割花条	教师示范树叶纹花条的切割方式	根据示范切割花条	利用花条纹样的拼接组合制作树叶纹花条
	选择合适的颜色，重新组合花条	教师示范花条组合方式	根据示范组合花条	
	组合调整花条	改变花条的粗细，调整造型完成树叶纹花条	自行调整花条	
	操作难度解析： 树叶纹的制作难度在花条的切割再组合后调整花条粗细，花条切片时要注意叶脉走向一片一调整			

环节	教学内容	教师引导	学生活动	教学目的
花条装饰	观察容器造型，设计草图	教师出示不同容器的设计样例，启发学生思路	根据容器造型设计草图	利用不同色彩纹样的花条组合画面，装饰玻璃容器
	切割调整花条	教师示范花条的组合装饰	调整设计图，组合花条	
	装饰容器	运用组合花条装饰容器	尝试装饰容器	
	操作难度解析： 花条装饰难度在于结合容器造型进行花条搭配，花条组合时也要有创意			
装饰生活	完善修改花条定型	教师示范调整，用烤箱进行定型	学生进行修改，准备植物	结合容器造型种植植物
	种植植物	教师出示不同造型容器与植物的搭配	学生进行植物种植	
	交流分享		相互交流	交流分享课程感受
	操作难度解析： 选择合适的植物搭配容器种植			

案例十一　3D 艺术设计

上海市曲阳二中　王　刚

一、课程的背景

随着时代的进步和科学技术的迅速发展，教学的内容、手段和方法也与以往有了很大的不同，得到了快速的发展。创新课程的不断推出，促进了学生的科技知识的学习，培养了学生的创新能力，提高了学生的核心素养。跨学科课程综合学习之拓展型课程作为链接基础型课程与研究型课程的接口，是培养学生创新能力的合适平台。

快速发展的现代数字技术知识更有利于创新的产生。因此本拓展课程聚焦在最新、最前沿的 3D 技术上，以期通过积累先进的数字科技知识提高学生的创新素质。美国视听教育专家戴尔在《教学中的视听方法》中提出的"经验之塔"是研究 3D 数字技术教学效果的重要理论基础之一。参照"经验之塔"理论可以发现，基于 3D 数字技术的学习活动提供了丰富的"做的经验"。

学习者参与 3D 艺术设计课程可以获得有目的的直接经验；应用 3D 虚拟、设计软件制作 3D 模型可以获得设计的经验。这些具体经验为学习者的学习提供了直接的感性认识。3D 数字技术作品通过演示和展览等方式，使学习者获得"观察的经验"，实现学习者在学习过程中的深度参与，从而改善教学效果。良好的教学效果带来的是良好的知识建构，从而"创新素质"的根基被坚实地打造了。

二、 课程的目的

本课程的总体目标是通过"3D 艺术设计"课程教学的实施，开展基于 3D 数字技术的学习。通过思维能力、合作能力的提高，最终实现学生创新素质的提高。

1. 实现活动性教学，在一种真实而富有意义的任务和问题驱动下进行"做中学"。在这种学习活动系统中，学生以问题解决和学习目标为导向，凸显出学习者的主体地位。

2. 指导学生学会将新型数字工具作为学习中介，并学会与其他学习者协作来完成学习过程。

3. 实现数字技术教育的规范化评价。从初中学生参与度、喜好、信心来考察学生的情感态度；从改进识别主体内部概念来考查学生认知。此外，还应对 3D 资源的教学方法及手段进行评估，完善相关教学方案，推动本拓展课的规范化进程。

三、 课程所涉及的领域

本课程涉及的学科有信息技术、美术、物理、数学等。

四、 年级及课时

主要的对象为六、七年级的同学，预计 10 个课时。

五、 教学过程

本课程共有 10 个课时，现以第一课"草图大师——基础建模"为例，来讲解我们的教学过程。此课用时 1 个课时。

第一课 草图大师——基础建模

（一）本课时教学目标

本课时的主要目标有三点：（1）掌握基础建模所需的几种必要形状的绘

制，如矩形、直线、圆、圆弧等。(2)在小组同学的共同努力下，完成一个简单房屋的三维建模。(3)在房屋建模的过程中，培养学生勇于探索、乐学善学的精神及发现问题、解决问题的能力和审美的能力。

（二）本课时的结构框架

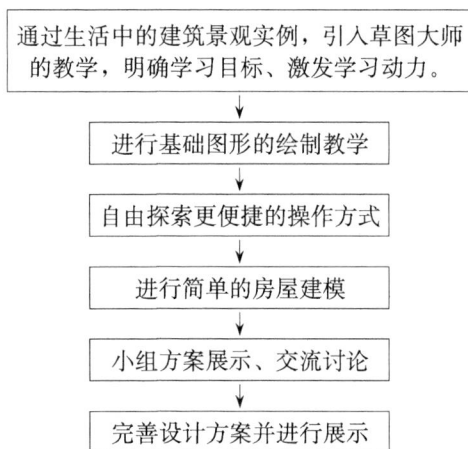

```
┌─────────────────────────────────┐
│通过生活中的建筑景观实例，引入草图大师│
│的教学，明确学习目标、激发学习动力。  │
└─────────────────────────────────┘
                ↓
┌─────────────────────────────────┐
│        进行基础图形的绘制教学        │
└─────────────────────────────────┘
                ↓
┌─────────────────────────────────┐
│        自由探索更便捷的操作方式       │
└─────────────────────────────────┘
                ↓
┌─────────────────────────────────┐
│          进行简单的房屋建模          │
└─────────────────────────────────┘
                ↓
┌─────────────────────────────────┐
│         小组方案展示、交流讨论        │
└─────────────────────────────────┘
                ↓
┌─────────────────────────────────┐
│        完善设计方案并进行展示         │
└─────────────────────────────────┘
```

（三）教学环节和过程

表 5.11-1

教学环节	活动内容	活动意图
通过生活中的建筑景观实例，引入草图大师的教学	展示工业设计、产品设计、园林景观设计、城市规划中的实例。 讲解草图大师的使用方法与作用。	通过草图大师在各行业中的使用，帮助学生明确学习目标、激发学习动力。
进行基础图形的绘制教学	在计算机房的教师机上进行简单图形的绘制演示，包括矩形、直线、圆、圆弧等。 引导学生在学习形状绘制的同时，完成一个形状的小实例。	帮助学生掌握基本绘图能力，为之后的学习打下基础。
自由探索更便捷的操作方式	通过软件自带的帮助功能，或网络搜索引擎，查找更快速便捷的操作方法，如：快捷键、小技巧等。	通过方法的查找，帮助学生提高自学能力与使用效率。

教学环节	活动内容	活动意图
进行简单的房屋建模	 要求在两人一组的合作下，绘制一幢结构合理、外形美观小屋。	综合考验学生的交流、沟通能力，锻炼学生的建模技巧。
小组方案展示、交流讨论	通过网络，在班级内展示一些完成度较高的设计方案。 寻找优点与不足，并进行修改。	共同交流，以激发学生创作的灵感；指出不足，通过修改进一步磨炼建模技巧。
完善设计方案并进行展示	完善各组的建模，进行后期加工，并通过学校的服务器进行展示。	通过成果激励学生进一步学习的热情。

房屋建模要求：

1. 结构合理，妥善放置门、窗等房屋基本功能模块。

2. 外形美观，符合日常审美标准。

房屋建模使用的工具：SketchUp、网络教室控制软件。

六、 成果展示

（一）参与课题的师生掌握了应用信息技术的能力，提高了创新素养

1. 创新素养的培养在于教学手段的不断创新

本项目中教师创造性地使用了多种 3D 软件，在不同教育课程中或充实教学内容，或开展课外活动，充实、扩展了有关教学内容，为开发中学生的创新素养和创造能力提供了服务。

例如在地理课上创造性地使用谷歌地球软件进行教学，解决地理教学直观性不足的问题。该项技术的运用，使得该学科在区教学评奖中获得第一，

并得到专家认可，并在市、区级别的信息化课堂讲座中作为范例进行宣讲。

2. 创新素养的培养在于教学方法的创新

在教学过程中，教师要把引导学生开展创新学习活动落到实处，就必须灵活运用能激发学习创新精神和创造能力的多种教学方法。

例如体验学习法：让学生去亲身经历某种情景或某个生活片断，让学生在里面担任一定的角色，就像演员体验生活一样地去开展他们的学习活动。

内容不完全教学法：教师在教学过程中不把全部内容和盘托出，而是有意识地在内容上制造一定的空白地带，让学生自己去推测和预计可能的结论，主动参与到对知识内容的构建中去。

挫折教学法：教师在教学过程中有意向学生演示预先安排好的思维受阻的现象，让学生看到教师在解决问题时所经历的"挫折"，以及如何在若干次"挫折"后又克服了思维上的障碍，最终找到了正确的结论。

3. 创新素养的培养在于教学氛围的创新

我们建立了新型的师生关系，为创设民主、宽松的课堂氛围铺石；创立学习共同体，活跃课堂氛围；运用数学与生活实际的联系，激活课堂气氛；运用多媒体，活跃课堂氛围。为师生共同营造了一个平等、民主、充满想象、充满乐趣的课堂氛围。和谐的课堂教学范围是培养学生创新精神和创造能力的保证。

（二）培养了具有创新精神和创造能力的学生

我们对实验前后学生创新精神和创造能力进行了测试对比，并结合两年来学生学习成绩和参与各项比赛获奖情况的统计分析，得出学生通过本课题，他们的实验创新意识和能力有了明显增强。主要表现在以下几个方面：

1. 学生对事物有了较广泛的兴趣，有了寻根究底的探索精神，养成了敢于发问、善于发问、乐于发问及质疑问难的习惯。

2. 在解决问题时，学生能逐步养成思维的发散性、集中性与新颖性，并逐步养成主动地、多渠道求知的习惯。

3. 学生的注意力能高度集中，有敏锐的观察力，能从多角度观察事物、发现事物的特点。

4. 学生喜欢上了创造，善于把事物重新排列组合，创造成新的事物，有试图用各种新的创造技法去解决问题的习惯。

5. 学生的想象力越来越丰富，能由此及彼，举一反三，不断产生新的想法。

6. 学生的自信心得到了提升，在困难面前，不气馁，有战胜困难的勇气。

（三）更新了教学观念与模式

各学科已探索出培养学生创新精神和创造能力的典型经验，构建多个教学模式，涌现了多个有实用价值的典型课例。在实际中研究此课题，具有很大的意义和效果。

1. 教师教学理念得到更新，锻炼了教师队伍，提高了教师业务水平

教师的教学思想和理念得到了更新，从实验中学会了新的教学方法，提高了教学效率；教师通过对实验中项目的探讨和创造，在一定程度上提高了自己的业务素质；在我们学校初步形成了用科研促教研发展的大气候，好氛围。

2. 注重课堂教学的有效性，初步改变了教师教学方式，克服无效教学

培养学生实事求是的科学精神。变"看、听"为"做、体验"，让学生在亲历探究过程中体验求实规范，领悟求实精神。我们在教学中除了注重体验，更注重以学生为本，教会学生探究学习，并注重培养学生合作、自主学习的创新精神，教会学生学习方法。

3. 注重对教师课堂教学的科学评价

教学有没有效率，并不是指教师有没有教完内容或教得认真不认真，而是指学生学没学到或学的好不好。如果学生学得不好或没有收获，即使教师教得很辛苦也是无效教学。同样，如果学生学得很辛苦，却没得到相应的发展，也是无效、低效教学。因此，判断教师一堂课上得好不好，应以学生收获多少为标准。因此，在具体实施中，我们除了以学生成绩作为评价依据外，还要以学生对老师的评价、学生学习主动性是否提高为重要依据。

（四）形成配套的教学资源

通过各类平台，不同的软件为 3D 教学创造了条件，并形成不同学科的教学资源。下表为在本课题研究中使用到的软件平台及其达到的内容与目标。

表 5.11-2

培养目标	形式	软件	教学案例内容
利用现代科技所提供的有利条件,科学、系统地培养学生理性思维、勇于探究、敢于质疑的科学精神,为发展学生的核心素养打下基础	3D 设计	SketchUp	1. 了解 3D 设计的实用价值 2. 创建智能体 3D 模型 3. 创建模拟场景 3D 模型 4. 结合行为设计、运动模拟,形成课程资源
		Sculptris	1. 了解数字雕刻软件 2. 学习 3D 建模的艺术 3. 创建 3D 形体 4. 结合 3D 打印机生成实体模型
通过 3D 机器人、模型设计的各个应用,实现任务场景设计、智能体构建、行为设计、运动模拟等功能;学生在实践创新的过程中学会新技术的运用、学会如何解决问题	3D 机器人	机器人搭建	1. 了解机器人及智能控制技术 2. 学习密度、质量、速度、加速度等各种现实的物理动力学属性 3. 模板的应用 4. 3D 机器人搭建技巧总结 5. 仿真模拟比赛
		机器人编程	1. 学习基础的可视化图形编程系统 2. 初步学习 C、JAVA、VB 等各种外部编程
谷歌地球将不同系统来源的地理信息有机地整合起来,使得跨学科、跨国界的合作研究成为可能,为在全球范围内提供资源共享创造了条件	3D 地理教学	Google Earth	1. 通过运用 GE 的界面,使用各数据层,逐渐熟悉作为信息工具的 GE 2. 通过回答课程计划中的问题,例如判断地理事物的某种走向或者形态,熟悉并解释空中摄影和遥感图像等数据资料 3. 识别重要的地理特征,认识其重要性,知道各类资源对地区发展的重要影响 4. 认识地球在时空上进行的变化,并思考外力在过程中起到的作用

七、 评价反思

(一) 评价对象

☐ 学习小组　　　　☐ 每个学生　　　　☐ 其他_____

(二) 评价素材与评价方法

1. 评价原则

(1) 将校拓展型课程评价标准与本科目特点相结合，设置相对应的评价表。

(2) 采用多元化的评价方式，进行全方位的评价。

2. 评价实施主体

教师评价、生生（自我）评价、生生互评。

3. 评价实施方式和标准

表 5.11-3　《3D 艺术设计》学生评价表

课程名称：_____　　　　学生姓名：_____

课次	1	2	3	4	5	6	7	8	9	10	11	12	总评
出勤													
即时评价													
阶段性评价	自我评价： 姓名：												
	生生互评： 同学：												
	教师评价： 教师： 日期：												

填表说明：

(1) 出勤：到的打"√"，其他情况打"○"。

(2) 评价：

即时评价：等第制，即优、良、合格、须努力。

阶段性评价：涂星＋评语

附二：其他课时教学环节

表 5.11-4

单元名称	环　节	教师引导	学生活动	教学目的
SketchUp	3D 设计实用价值	展示 3D 设计在生活中应用的方方面面。比如：工业设计、教学应用等。	通过了解 3D 设计的作用，明白学习的意义。	体验 3D 数字技术在生活设计领域的各种应用，感受数字改变生活。
	创建智能3D 模型	传授学生基本的软件使用技巧，通过设置问题和解决问题的过程达成教育目的。	初步掌握建模技能。	掌握基本 3D 建筑建模技能，以问题解决和学习目标为导向培养学生的学习能力。
	创建模拟场景	引导学生团队合作来解决难题。在这一过程中培养学生高级的建模技能。	通过团队解决问题，掌握团队协作的方法和解决问题的方式。	掌握进阶 3D 建筑建模技能，引导学生在协作中完成任务。
	3D 运动模拟	引导学生使用已掌握的技能，来解决实际生活中的问题。	通过解决实际生活中的问题，提升自身的创造能力。	利用真实场景，展开 3D 建筑设计综合性应用，培养学生的想象与创造能力。
Sculptris	数字雕刻软件	通过展示数字雕刻软件与美术课中石膏雕刻的异同，展现数字技术的优点。	感受数字技术的先进，激发学生学习兴趣。	比较数字雕刻与石膏雕刻的异同，体会 3D 数字技术的亮点。
	3D 建模的艺术	从艺术和信息技术等角度帮助学生体验审美，学会审美。	通过学习来增进审美能力。	从数字建模概念出发，阐述建模的基本原理，并分析建模对象的艺术价值。
	雕刻 3D 形体	引导学生以小组为单位，进行数字雕刻软件的设计与实施。	学习软件的基础应用，并培养团队意识。	以小组为单位，以同伴协作的方式学习数字雕刻软件，展开 3D 形体的设计。
	利用 3D 打印机，生成实体模型	引导学生将虚拟的数字成果，通过 3D 打印机转变为真实的成果。	在数字设计 3D 打印的过程中，体验现代技术的重要作用。	将设计好的数字 3D 形体，通过 3D 打印机输出为实体。交流、评价、总结。

案例十二　KODU 程序课程设计之趣味游戏

上海市霍山学校　郭姝菲

一、 课程背景

2017 年 7 月，国务院印发了《新一代人工智能发展规划》，提出了面向 2030 年我国新一代人工智能发展的指导思想、战略目标、重点任务和保障措施，部署构筑我国人工智能发展的先发优势，加快建设创新型国家和世界科技强国。该规划明确强调在中小学阶段设置人工智能相关课程，逐步推广编程教育。中小学阶段，人工智能与编程相关课程主要以信息科技学科为载体，主要目标着眼于培养学生的计算思维、逻辑思维以及问题解决能力。具体来说，这些素养能力离不开学生自身在程序设计课程中的学习积淀与收获体悟。

KODU 作为一款适合青少年学习的可视化编程软件，已经在多个国家得到广泛关注。早在 2015 年初，上海市虹口区的初中信息科技教师团队就已经开始了对 KODU 软件的学习与探索，且在教研员的带领下，编写了教材《跟我学做 GAME：KODU 程序设计入门》。由于 KODU 具有简便、易学的特点，只需要通过鼠标就能进行操作，利用 WHEN... DO... 语句即能对对象进行编程，学生操作简单易懂，适合作为学生进行编程学习的启蒙工具，对 KODU 程序设计课程进行校本实施与课堂实践的相关研究有利于落实中小学编程教育、提升学生计算思维与问题解决能力、提高教师专业水平与教学能力。因此，对 KODU 程序设计课程进行校本化实施与教学实践的相关研究具有重要的现实意义。

二、 课程目的

从学生的身心发展特点来看，初中低年龄段学生正是抽象逻辑思维形成期，相对于较为复杂的 VB、C＋＋等编程语言，KODU 趣味程序设计课程更加符合他们的学习与成长需求。加之初中学生接受新事物的能力较强，而 KODU 简单灵活，即使学生没有编程基础也能轻松掌握。

本课程为自主拓展课，是学生自主报名参加，一般为五、六、七年级每班 2 名学生，实施小班化教学。其中部分七年级学生和已经学习过一年的学生，他们也可以继续报名参加 KODU，根据学生掌握情况的不同，我们进行分层次探讨学习，无形之中培养了学生自主学习的能力。还可通过老学员带新学员的方式，共同学习。在课堂教学中，培养学生自主学习、乐于学习、学会观察、学习思考的能力。

（一）知识与技能

1. 了解电子游戏开发的流程。

2. 掌握 KODU 程序的常用工具以及视角的切换。

3. 熟练掌握 WHEN... DO... 编程语句来实现对象行为的控制。

（二）过程与方法

1. 通过教学前和教学后的问卷调查，了解学生学习新技术的兴趣等。

2. 通过分组合作及自由组合等合作方式，形成良好的互助学习氛围，完成游戏作品的设计。

3. 通过合理客观的评价，进行游戏作品的改进和提高。

（三）情感态度价值观

1. 通过自主选择合作方式，提升学生们自主学习、管理、协助的能力。

2. 注重学生的过程性评价、自我评价及学习成果的展示，激发学生的学习热情。

三、 课程所涉及的领域

本课程设计的学科有语文、美术、信息技术、地理等。

四、 年级及课时

该课程为自主拓展课，主要针对的对象为五、六、七年级的同学，预计 14 个课时。

五、 教学过程

表 5.12-1

课　题	2.3　让对象动起来
教材分析	《让对象动起来》是第二章小酷登场中的一个单元，是关于 KODU 软件中的对象行为的控制，可以用 WHEN... DO... 编程语句来实现。通过对这个知识点的学习，掌握对编程语句的设计，在以后的不断学习和探索中逐步实现游戏的设计，让初中的他们提早体验高中编程所需的逻辑思维，并能将自己的想法设计在游戏中，从玩中学，从玩中获得乐趣，同时也开拓学生的思维。

续表

课　题	2.3　让对象动起来
学情分析	KODU 是一款电子游戏设计软件。在日常生活中，学生们一般都喜欢玩游戏，很少有同学尝试过设计游戏，在第一次接触这款软件时，他们会很好奇地尝试 KODU 软件中的每个菜单。但是，对于设计一个完整的游戏来说，不单单要求学生完成游戏的最后设计，还需培养学生整体规划的能力，从编写游戏的情节、规则开始着手，到场景草图的绘制、组内成员任务的认领，直至游戏的编辑、调试与修改。通过一个个游戏项目的学习和实践，让学生掌握更多程序设计的要领，激发学生学习的兴趣，开发学生的创新能力，扩展学生的思维空间，丰富学生的信息素养，提高学生的实践能力。
教学策略	通过分组讨论、合作学习、共同实践等多种模式的学习，让学生学习新技术、学习程序设计，并将所学知识运用到游戏的编程中，在学习和调试中提高程序设计的能力。

表 5.12-2

教学环节	教师活动	预设学生活动	设计意图
一、引入	学生已经让小酷闪亮登场，并帮它布置好了游玩的场地，并为小酷设置了颜色、大小、方向等，除了这以外，小酷还会有什么变化？ 　　引出主题"让对象动起来"。 　　师：小酷还能有怎样的动作？ 　　生：……	听课 思考、回答	
二、学生活动——WHEN...DO... 语句初体验	在 KODU 软件中如何来实现呢？ 　　布置任务：打开上节课已有场景，在此基础上尝试让你的小酷动起来。 　　巡视学生的操作，选择已经成功的学生进行展示，并介绍他做的步骤。	打开已有场景，进行让小酷动起来的初次尝试和探索 学生展示	在软件的学习中已有同学在尝试WHEN...DO...语句，教师引导学生对语句摸索，逐步养成对新生事物探究的习惯。

教学环节	教师活动	预设学生活动	设计意图
三、WHEN…DO…概念介绍	WHEN…DO…程序语句的介绍： 　　WHEN选项框中是对象动作发生的条件，DO选框中是对象做出的具体动作或行为。 　　思考：选项卡的顶端呈尖角状的作用。 　　选项语句中"＋"的作用。	听见 回答问题	
四、学生活动——编程初体验	布置任务：如何利用键盘让小酷走起来，试一试，编写出几条让小酷动起来的语句。 　　教师巡视指导，将问题语句通过希沃授课助手进行投屏分析。 　　学生展示自己的成果。	学生用WHEN…DO…语句进程编程 听讲 学生展示交流	
五、总结	在KODU程序编排中，WHEN…DO…语句还有更多的组合，将呈现出不同的程序效果。制作一款完整的作品，程序编排非常重要，但这更离不开作品的设计，期待同学们的第一个作品的完成。		
课后反思	在课堂实践WHEN…DO…语句时，部分学生的操作动手能力、理解能力远比我预期设想的要好很多，基于这种情况，如何在课堂中实现分层教学，让能力强的学生"吃饱"，这给教师的知识储备带来了很大的考验。因此在教学生课本知识的同时，要和学生共同探索他们遇到的新问题，不断地提高自己的教学能力。		

六、 成果展示

（一）基于问题导向　培育学生计算思维

树立现代的教学理念，培养学生全面发展为根本目标，关注学生在学习过程中分析、解决问题的能力。在KODU教学过程中，借助手机、IPAD希沃授课助手来进行授课，不随意打断学生的思路，预留更多让学生思考和实践的时间。在初次进入KODU新世界时，学生第一眼认为和他们平时玩的游戏"我的世界"很相似，有一个先入为主的感觉，顺着学生的思路，就直接让学生加载课程资源中的游戏进行玩中学。初尝游戏体验后，学生对 KODU 里的世界，有了新的认识，提出了更多的问题。诸如，这里的场景是如何搭建的？怎样才能有山有水有树有动物？这个主角是怎么说话的？为什么这个角色能行走呢？……

学生们带着问题进入课堂的学习中，教师则将问题进行有序的归类，根据不同的课堂设计分别提出相应的问题，学生通过解决问题来达到新知的获得。有些学生则是大胆地操作，反复尝试最终获得所需的程序编排效果，也有些学生则通过课程资源中的实例查询操作方法，不同的方法和手段只为同一个目的——解决自己的困惑。从老师引导学生发现问题，到共同分析诊断问题，直到学生通过探究尝试解决问题，逐步培养学生树立问题意识、批判精神，提升其逻辑思维能力和问题解决能力。

当学生第一次面对编程软件 Scratch 的一道练习题时，接触过 KODU 课程的学生与未接触过任何一款编程软件的学生存在明显的差异，这不仅仅来自知识迁移带来的增益，更多的是通过 KODU 学习获得的问题解决能力、逻辑思维能力和学习能力的提升。

（二）选择动态分组　推动学生个性成长

小组合作一直是教学中的常用手段，让程度不同的学生组队合作，不仅提高了学习的效率，同时也增强了学生间互帮互助的意识，懂得了协作的重要性。在 KODU 课堂中，教师尊重学生们对分组的需求，引入了动态分组的机制，即根据教学内容和任务的不同程度进行合理化分组。

对于一个小作品的制作初期，不少学生更愿意选择"单干"，从迷宫场景的搭建、角色的设置、游戏规则的制定，到程序的规划设计，全部是独立思考、独立完成，其间他们有一种对作品完全的掌控权，当作品完成时，他们往往会获得极大的成就感和幸福感。随着作品完成度的提高，学生更愿意组成能够互助测试作品，为对方提出修改建议的讨论、分享小组，达成一种互助关系，并分享各自的作品。

当学习任务和制作难度不断提升时，一种分工互助式的小组形态更利于提高作品的完成效率。基础薄弱的学生在组内能获得更多的帮助，技能精熟的学生在组内俨然成为"team leader"，提升了领导力、沟通力和自信，组员们能够从讨论、思辨、互助辅导、头脑风暴、据理力争、妥协中形成个人特色，获得个性成长。

教材的第八单元《自主游戏项目的设计与开发》就是为学生学会分组而设计的。当学生们拿到任务清单时，又提出了自由选择队员的要求，从分组中可见，带头组队的学生会将平时志趣相同、操作能力较强的同伴组成新的团队，进行项目经理、游戏设计师、美工、程序员角色的合理分工，通过团队的通力合作完成游戏的设计与开发，然而剩下的同学们也不甘示弱，组成新的团队，虽然团队间存在着差异，但每组同学都团结一致为完成自己的游戏项目努力。无论哪种分组合作形式，学生们课堂中交流密切，从而促进认知发展与"自我"成长的整体化学习体验，更大程度上激发了学生的发散思维。

（三）坚持以评促学　提升学生思辨能力

课堂评价不仅是老师对学生课堂学习有效性的评价，还应体现学生在学习过程中的评价等。在 KODU 趣味程序设计自主拓展课的评价中，除了体现其过程性的记录以外，还应注重学生的自评、生生互评等，特别是在游戏测评阶段，发挥学生间的评价，尊重每一位学生，积极地从评价中吸取经验，改正设计上的缺陷，从而为学生核心素养的形成创造良好的条件。接下来看一下学生的一次游戏调试与修改的片段摘录，如表 5.12-3 所示。

表 5.12-3　游戏调试与修改

实现的结果	改进与提高
场景很宽阔	应适当将场景缩小
迷宫较大，却没有提示	可以在适当的地方增加提示语句

测试时应注意的方面：
(1) 小酷（主角）是否能根据程序设置的操控方式运动？
　　可以
(2) 障碍物是否能达到设计要求？
　　不能，障碍物较少；如果可以将迷宫当作障碍物，我觉得可以。
(3) 是否设置了游戏的限制时间？时长是否合理？
　　没有游戏限制，我认为在时间上面可以将时间限制一下，如果时间一到，还未找到出口，就代表着输了；若在时间还未到就找到出口，就赢了。

从以上的学生游戏调试与修改评价表中，可以发现试玩者客观的评价以及合理性的意见让游戏制作者在后阶段作品的修改中更有方向和目的性。

（四）开展学生活动　促进学生组织合作能力

开展 KODU 拓展课这些年，当初的学生从最初的初学者，已成为现在的"小老师"，能随时解决课堂上学弟学妹们提出的问题，并连续多年在学校科技节"我设计游戏，你来玩"的活动中大显身手，从内容策划、游戏设计、程序实现到活动的主持，吸引了很多低年级学生来参加活动。迷宫大逃亡的闯关游戏一度风靡一时，当得知此款游戏作品是学生自己设计时，更是收获众多小粉丝，他们俨然成为 KODU 课程的代言人，让 KODU 课程在学校中的知名度大大提升。

七、 总结反思

在对 KODU 程序设计课程进行的教学实践研究过程中，我们发现，这门课程不仅有利于提升学生的学科核心素养，促进学生在编程学习中的积极参与及反思实践，还有利于提升教师在学科方面的教育教学能力。

（一）教师的转变

在新形势的教育背景下，教师的教学任务不单单是传授知识，更重要的是让学生掌握学习的方法，在乐中学，从而激发学生的学习兴趣。因此，课堂不仅仅是老师的舞台，更是师生间互动的平台，有时更是师生间的共同学习平台。在不断的教学研究过程中，教师自身的能力也得到了一定的提高。

（二）学生的转变

针对初中生来说，爱玩游戏是他们的天性，通过游戏化的学习和站在设计师立场的游戏程序的设计，调动了他们的学习热情，使他们在学习过程中总是发言踊跃、讨论激烈。相对于不玩游戏的教师来说，在课堂上愿意更多倾听学生们的叙述和设想，并将他们的建议和想法，作为课堂实例进行授课的延续，让学生在这个舞台上充分展示自己的才能，一方面提高学生的学习积极性，另一方面提升学生的成就感。

在教学实践中还遇到过三位特殊的八年级学生，他们从七年级选上 KODU 程序入门以来，到现在还在询问九年级是否有自主拓展课。今年恰逢他们十四岁生日，他们策划将自己在自主拓展课中的学习成果进行汇报展示。

（三）研究展望

实践过程与研究路径具有螺旋上升的特点，我也在厘清研究问题、探究解决方法的过程中不断发现新的研究触角。一方面，如何在 KODU 的学习中为高中 VB 或 Python 程序学习做好铺垫和对接；另一方面，初中学段目前已经开始 Scratch 内容的学习，那么如何处理 Scratch 和 KODU 之间学习的关联与结合，使之相辅相成、相互促进，这将是我接下来需要思考的问题。

附录：活动图片

利用希沃设备分析程序编排问题

手绘迷宫图纸

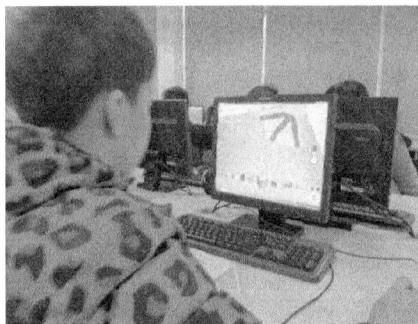
手绘迷宫图纸：根据图纸制作场景

学生科技节活动现场

学生填写游戏测评报告

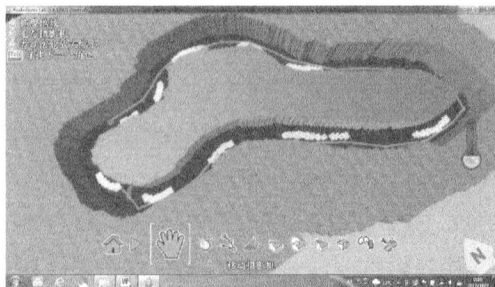
学生游戏作品　极品赛车

案例十三　头脑奥林匹克大挑战

上海市海南中学　王承翀

一、 课程的背景

头脑奥林匹克是一项深受世界青少年欢迎的创造力活动。它完全不同于通常的智力竞赛，它的赛题新颖有趣，要求队员充分发挥自己的创造力，依靠集体的力量，动脑又动手，创造性地解题。

当今的世界是一个飞速发展的世界，也是一个充满挑战的世界，怎样让青少年适应各种挑战？怎样让他们有一个美好的明天呢？最好的办法就是教会他们去探索，去研究，去创造。头脑奥林匹克提供了创造性解决问题的机会。学生在解题过程中，激发各种想法，选择最佳方案，化为具体行动，结出丰硕成果。在此过程中，最重要的是，学生学会了创造的方法，体验了创造的乐趣。

二十多年来，我校在创新教育上取得丰硕的成果。学校将这些宝贵的创新实践经验汇集于校本课程中，把原本只有几个同学能参加的竞赛活动，将它的核心内容和经验提炼出来，变成大家都可以学习的宝贵财富，无疑为学生综合素质的全面发展提供了助力。

二、 课程的目的

本课程的目的是培养具有创新精神、团队精神的学生。在课堂中，我们将采取动手与动脑结合、科学与艺术结合、自然与文化结合的教学方式，努力让学生成为知识的探索者。在教学实践中，努力挖掘学生的闪光点，以跨学科项目式的学习形式，培养学生，提高学生的综合素质。在完成项目实践过程中，学生运用跨学科综合知识去努力解决问题。在一个又一个的问题解决中，切实提高学生的各方面的能力，让学生在课堂中进行与众不同的创新思维训练。

通过创新教育的拓展思维培养，提升学生的创造力。在课程学习中，学生要进行扩散思维的训练、即兴题的训练、各种科创类和艺术类创新的挑战训练来提高动手能力、创新思维能力及创造力。通过头脑奥林匹克大挑战，让学生从小养成创造性思维的习惯，让学生的综合实践能力得到提升。

三、 课程所涉及的领域

本课程所涉及的学科有信息科技、数学、语文、历史、英语、科学、生物、化学等。

四、 年级与课时

六至八年级，共 17 课时。

五、 课程框架及概述

（一）课程框架

本课程的设置，每个年级的课程内容是不相同的，现将每个年级所学内容及课时列表如下：

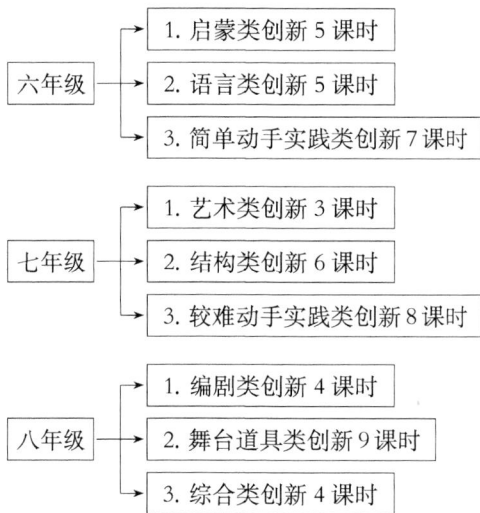

```
六年级 ┌─→ 1. 启蒙类创新 5 课时
       ├─→ 2. 语言类创新 5 课时
       └─→ 3. 简单动手实践类创新 7 课时

七年级 ┌─→ 1. 艺术类创新 3 课时
       ├─→ 2. 结构类创新 6 课时
       └─→ 3. 较难动手实践类创新 8 课时

八年级 ┌─→ 1. 编剧类创新 4 课时
       ├─→ 2. 舞台道具类创新 9 课时
       └─→ 3. 综合类创新 4 课时
```

（二）课程概述

在初中学段开设创新思维课程涉及的年级有六、七、八三个年级，对于不同学龄段的学生，我们采用不同的教学内容及教学方式，以与学生的知识程度相匹配，并通过教学，让学生在成长过程中能够获得一个逐层进步的创新思维能力。

在六年级启蒙类、语言类以及简单动手实践类创新的培养中，我们充分考虑到六年级的学生刚接触到创新课程，对如何运用创新方法、手段来完成创新还不熟悉，因此，我们在教学设计时，设计出更多的有趣的好玩的创新环节、创新作品、创新科普，让学生爱上创新。

七年级的创新思维课程，难度会逐渐加大，需要学生开始思考承压结构的创新方法，不同的结构形式会给承压的结果带来很大的影响，不同的材料在抗压能力上也是不同的等，让学生从原来大范围的创新思考中慢慢集中到一个点上去创新设计，找到创新的突破口。此过程使同学们慢慢知道创新不只是大范围的、很广泛的创新，创新也可以围绕非常非常小的一个点来进行，每个人都有创新能力，每个人都可以创新。

八年级到了我们创新思维课程的"金字塔顶端"，同学们通过两年创新课程的学习，学会了创新思维的方法，初步养成了创新思维的习惯。因此可以对八年级的学生提出更高的创新要求。舞台表演的方式能更好地展现他们的创新能力，我们采取以团队合作的形式展示他们的最终创意成果，其中包括剧本的编写，舞台的设计，道具的制作，服装的制作，音乐、绘画等艺术的搭配以及富有创意的表演等，同学们共同完成一个创意舞台剧。

三年的创新课堂旨在培养学生们的团队合作能力、创新能力，养成良好的创新思维习惯，在遇到问题时不慌不乱，能想出各种各样的办法，利用身边的资源达到目的。我们的创新课堂中有一句非常流行的话，叫作"没有什么是不可能的"。

六、 教学流程

以上是六、七、八年级的整体教学构架，现就每课的教学目标设计教学流程，并选取了课程中的两个课时教案与大家分享。

第一课 启蒙类创新课程

（一）本课内容

这是一节给六年级同学上的启蒙创新课，目前学生对创新的方法掌握得还不够，但学生在自己的生活和学习中一定感受过创新思维带来的便捷。创新思维过程是快乐的，创新思维的概念在学生的心里已经理下了种子，我们要做的就是给学生心中创新思维的种子浇水施肥，引导学生学习更多的创新思维的方法，让他们的创新思维的种子生根发芽，茁壮成长。

本课时的主要内容是让学生了解什么是创新思维、认识创新思维给我们生活带来的好处、初步学会创新思维的一些基本方法。学生通过老师举例的内容，感受创新思维的方法，再自我实践，实际应用这些方法来完成任务。

（二）本课教学目的

本节课主要是让学生体验创新思维的一种方法：一物多用的拓展型思维。通过自我实践，体验创新思维过程的魅力，养成创新思维的习惯。

（三）教学重点

创新思维方法的掌握及创新习惯的养成。

（四）教学工具

A4纸、纸杯、乒乓球、细绳、PPT。

（五）教学过程

引入：用司马光砸缸的故事引出今天的创新思维活动话题，感受创新思维的魅力。

这个故事告诉我们解决问题的方法不止一个，打破常规，改变我们的惯性思维，才能找到更好的解决问题的途径。在数学、英语等学科中，答案可能是唯一的，只有一种可能性，但在我们这门课里，则充满了无限的可能，解决问题的方案没有最好的，只有更好，这就是我们这门课程有趣的地方。

打破常规1

例1

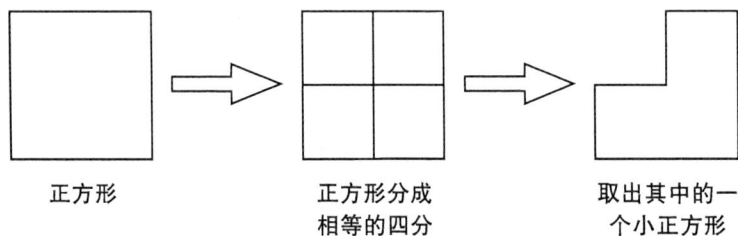

正方形　　　正方形分成　　　取出其中的一
　　　　　相等的四分　　　个小正方形

① 请将剩下的图形变成大小形状相等的三份；

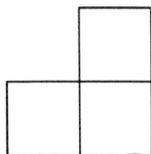

② 请将剩下的图形变成大小形状相等的四份；

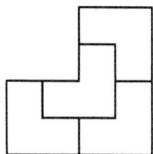

③ 最后请将刚才的正方形想办法分成大小形状相等的五份。

例 2

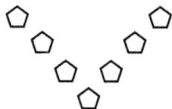

加上一颗星，每排都变成 5 颗星。

例 3

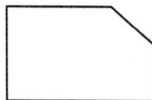

用笔画一直线将上面的图变成两个三角形。

惯性思维很重要，它可以帮助我们的记忆和事物之间产生联系，但在有些时候却会限制我们的思维，所以需要我们打破常规。

打破常规 2

说说一张纸的用途。今天的创新思维的主题是一个物体有多种不同的用途，而当这些不同的用途组合在一起的时候将会产生更多的可能性，碰撞出更多创新思维的火花。

培养这种创新思维习惯的方式是对平时习以为常的事物进行再思考，我们看到的事物，在我们认识它的时候往往就已经被定义了一个属于它的功能，但如果仔细思考，我们会在这个事物身上发现有更多的用途。发挥你的想象力，说说它们都有哪些用途？

举例：一根细绳、一个纸杯。

将一根细绳和一个纸杯的功能拓展，再将他们分别拓展后的功能创造性地连接起来，看看它们能碰撞出什么样的创意火花。

学生活动项目一：利用一张 A4 纸将区域内的物品取出，身体不能超越该区域范围。

总结学生在活动中用到这些纸张的不同方法。

设计的目的：让学生通过实践，了解纸张除了作为写字材料以外的其他作用，并能创造性地巧妙使用这张 A4 纸。

学生活动项目二：利用 10 根牙签、1 张 A4 纸、3 根吸管、2 个纸杯（桥墩）搭建一座桥梁，除纸杯外，所有的材料均不可接触材料以外的其他物体。

设计的目的：当集中几种材料共同来完成任务的时候，就产生了更多的可能性，虽然题目的难度高了，但解决问题的方法也多了，这样可以训练学生对不同物体思维拓展后的创造连接。

拓展研究：手机。

手机是我们日常使用的通信工具，它的出现方便了我们的生活。最早的手机是"大哥大"，只能打电话，随着科技的进步，手机也变得越来越先进了，现在的手机更像是多重物体的功能结合，电脑、照相机、导航、电话、短信、甚至刷卡等的功能都被整合进手机。我们发现，一个新物体的诞生或是改进，往往是结合了多个物体，而想象出它们的结合并不难，难的是他们怎么结合。

这门课程的目的，也就是希望同学们除了有想象能力之外，还要学会如何结合不同的事物，这就需要同学们学习跨学科综合性知识。因此，头脑奥林匹克课程的誓言就是："让我成为知识的探索者，让我用我的创造力改变世界。"乔布斯曾有句名言："我活着就是为了改变世界。"我想我们接受创新教育的同学们以后也能改变我们的世界，让它变得更加美好！

（六）思考和拓展

现在的智能手机和智能电视已经很发达，你能想象出它们还能整合一些什么功能么？怎么实现呢？

第二课 结构类创新课程

（一）本课内容

学生在之前的课程中已经感受过什么是创新思维，对如何灵活地运用创新思维的方法也有了初步了解。作为七年级的学生，同学们的动手能力有了进一步的提高，因此在七年级选择开设结构类创新课程是符合该学龄段学生的。虽然学生并没有很好的结构力学知识架构，但是可以通过感官的认识以及动手操作来认识结构创新的方法。

本课的主要内容是认识什么是结构，学会基本的结构设计方法以及挑选木结构材料的方法。通过 PPT 的演示，学生可以自己动手搭建结构以及挑选木材，全方面了解不同木结构样式的牢固程度。

（二）本课的目的

学生通过动手实践，体验科技创新的魅力以及养成创新思维的习惯。

（三）教学重点、难点

设计不同类型的结构、不同结构样式对结构承压能力的影响。

（四）教学工具

木料、吸铁石、胶带、结构样品、教学 PPT 等。

（五）教学过程

引入：自然界有各种各样自然形成的结构，每个结构都有自己的作用，如鸟类的骨骼结构适于飞行、鱼类的骨骼结构适于在水中游动、陆地上动物的结构适于支撑自重及行走，还有山洞地壳等种种结构。原始人开始住在山洞，后来用兽皮和树枝搭起住所以避风挡雨，这是最原始的人造结构。人们在生存和发展中的不同需求对结构性能、形状、用途会有不同的要求。比如住房的结构除了满足居住的基本功能外，还要能承受一定的自然灾害，还需要美观；对于桥梁来说，既需要有跨度和高度，又需要有一定的承压能力和各种强度要求；各种机械设备、交通工具等也都根据不同的使用要求设计成不同的结构。不管是什么样的结构，它们在设计制造的过程中都会涉及一个重要的课题，即是

怎样利用尽可能少的材料制造出既满足性能要求又有一定强度的结构。

了解结构在设计时的规则

1. 结构不得超过 15 克。

2. 结构的高度不得超过 20.32 厘米。

3. 用来制作的每根木条的横截面积不得大于 0.32 毫米×0.32 毫米

4. 制作结构的材料为轻质木和胶水。

5. 结构中央必须有一个开放区，能允许一个直径为 5.08 厘米的圆柱体贯穿而过。

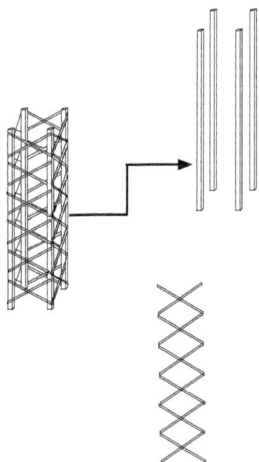

设计结构

以最基本的结构形式为例，左图为 15 克的"大力神"结构，我们把该结构的木条分为两部分：立柱和连接件。

认识结构

确定立柱数量，可以用三立柱、四立柱、五立柱等，设计时必须从结构的重量、制作工艺、承压情况等全面考虑。首先要确定结构的基本形式，无论是哪一种结构，都要解决一个立柱的材料与连接件材料的重量分配问题，如四立柱结构，每根立柱由 4 根木条黏合而成，所以总共 16 根木条。从承重的能力来看，立柱材料应以密度大为宜，但还需考虑 4 根立柱的连接和总重量 15 克以内的限制，所以 4 根立柱的总重量应该控制在 12 克左右，这样每根木条的重量在 0.75 克以下，16 根木条选好后考虑立柱的断面形状。

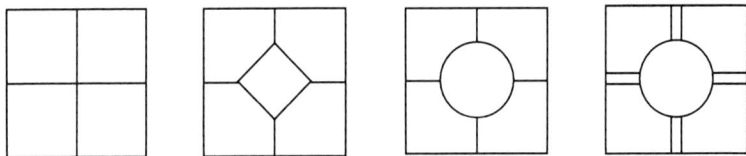

学生可以用已给的材料简单的搭建，比较各种形式下结构的牢固程度。

选材

选择不同的木料对结构的承压能力也有很大的影响，因此要对结构的木料进行筛选。

1. 木纹：木纹要平直，木质紧密，木纤维长。

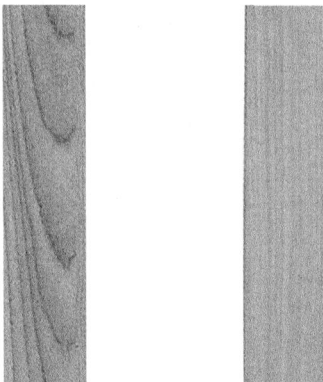

2. 手感：用手控制木条两端弯弯曲曲，感受它的韧性和硬度。

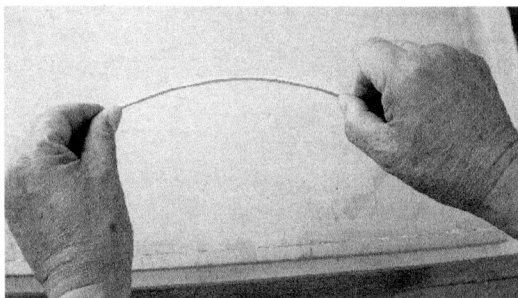

3. 重量：用天平秤称，前面提到每根木条重量约在 0.75～0.8 克之间。木条过重会导致制作成的结构超重，而太轻则木质疏松强度较差。如果一开始没有控制好每个材料的重量，待结构完成后发现超重或超轻，则为时已晚。

学生作品展示

学生通过动手拼搭完成简易制作，并在组内展示及交流体会。

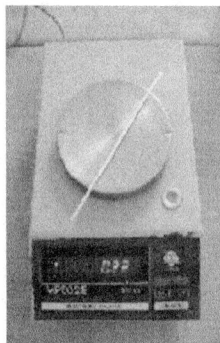

七、成果展示

(一)编写校本读本

我校的校本课程"DI 创新教育"就是按照这样的课程理念,通过近 20 年的实践研究得来的。通过对问题的讨论、研究、资料收集、技能掌握、实践操作、体验来实践研究性跨学科综合学习方法,获得了较好的效果。我校是一所普通的公办初级中学,学生的生源一般,但是在问题的研究上,在创新精神和创造力上,在团队合作精神上,他们一点也不弱。2016 年 5 月,我校学生代表队获得了 DI 创新思维全球赛世界亚军;2017 年 5 月,我校学生代表队继续征战全球赛赛场,获得了 DI 创新思维世界冠军。这些奖项的获得都是我校多年基于 STEAM 跨学科综合教育理念的教学成果。学生通过对"DI 创新教育"研究的学习,通过小组合作的形式,运用自己的数学知识,进行绘制草图,设计符合工程的装置;应用科学知识并使用各种技术性的手段最终完成装置的制作。教师在教学过程中,鼓励学生用创新思维解题,更容易突破问题的关键点、难点。学生学会运用团队合作的方法完成任务,用他们自己喜爱的方式来表达探究结果,并通过交流、研讨与同学分享探究成果。

(二)创建创新实验室

为了能够给学生创建更好的创新环境,获得更多的创新资源,方便学生创新实践,创新实验室的作用非常巨大。在创新实验室里,学生可以通过自己的想象,将自己所创设的东西,动手实践将它设计并制作出来,从而获得创新的满足感。创新实验室为学生建立创新自信和创新习惯创设了条件。

创新实验室同时也向社区开放,为国家全民创新提供了场地保障。吸引了许多的社区群众加入我们的团队中来,希望在未来能有更多的人来海南中学进行创新交流。

(三)成立创新社团

海南中学的创新社团实力非常强大,进入社团的学生,都是来自各个班级的创新课堂,他们通过层层选拔才能加入进来。社团以老队员带领新队员的方式开展活动。学校组织学生参加虹口区、上海市、全国乃至全世界的各类创新活动,均取得不错的成绩。

八、 评价

（一）创新课程为学生的创新思维开了一扇窗

学生的思维是一个发展的过程，这个过程是需要老师引导、激发和鼓励的，有很多同学在我们创新思维的课堂中，思维品质得到了极大的提高，创新能力发生了巨大的变化。通过教授这门课程，我们发现其实同学们都是特别爱思考、爱动脑，同时又特别喜欢动手自我实践的，我们需要为学生提供这样的机会，让他们爱上思考、爱上动脑、爱上动手实践，更热爱创新，愿意为了完成一个创新，而想不同的办法，找不同的路径，不断追求更佳的方案。

我们的创新思维课程只是为学生在自己的创新道路上开了一扇小窗，创新思维的养成不是一蹴而就，不是一朝一夕就能完成的，它需要通过长期的培养，不断地挖掘，在学生自己的成长过程中慢慢养成思维习惯，老师应该在学生成长的关键时期及时为他们打开这扇小窗，鼓励他们进行创新思维。

（二）让教师成为学生成长道路上的引路人

我们说创新思维课程只是为学生开了一扇小窗，它不那么大，但是有亮光。我们在创新思维的道路上还在努力探索，这就需要老师不断地提高自己的能力，不断地学习，在创新思维探索的过程中总结方法、交流经验，也可以通过自己的教学，从学生的创新实践中习得经验。希望老师提高自己的创新能力，从而能为学生在创新的道路上打开一扇门，能让学生受益终生。

（三）学校的科技创新之光

自从开设创新思维课以来，学校的整体创新能力得到了大幅提高，原来在学校中要寻找一名有创新能力的学生难度很大，但通过开设创新思维课堂，培养了一批又一批的创新型人才，为学校招募创新能力学生提供了保障。因此学校近年来在创新类竞赛中都取得了不错的成绩，学校参加创新型竞赛多次在上海市获得第 1 名，多次在全国获得第 1 名乃至全球比赛中获得第 1 名及第 2 名的好成绩，为学校、虹口区、上海市乃至国家争得了荣誉。

附： 活动图片

比赛场上大魔王戏服

表演结束后合影

出国团队建设

美国裁判对我们的道具很感兴趣

田纳西州立大学

学校日常训练

案例十四　霍山文化——三句半

上海市霍山学校　宋爱萍　金津之

一、项目背景及实施概况

（一）研究背景

1. 基于我校"活教育"理念的课本教材开发

霍山学校的前身是我国现代著名教育家陈鹤琴先生创办的工部局东区小学。我校一贯秉持并发扬陈先生的"活教育"理念，所设的校本课程更是"一切为了儿童"，从儿童的兴趣出发，让学生在做中学。我校开发的"三句半说唱艺术课程"是霍山学校拓展型课程之一，力求在学生喜闻乐见的教学形式中，渗透行为规范教育及对霍山文化的宣传；培养、发展学生的兴趣爱好，开发学生的潜能，促进学生个性、特长发展，推动学校形成办学特色。

2. 基于对中国传统文化的传承

三句半是中国民间的一种群众喜闻乐见的曲艺表演形式，也是一种中国传统的说唱艺术，是一种以说为主的韵文体曲种。它起源于清嘉庆年间山东峄县西部陶馆附近的运河号子，是由民间艺人在此基础上创造出的一种曲艺形式。每段内容有三长句一半句，一般由四人演出，三人说三长句，最后一人只说两或三个字的半句，故称"三句半"。三句半一般押韵、同调，诙谐搞笑，是群众喜闻乐见的说唱曲艺。我们运用此传统的曲艺形式，一来是对祖国传统文化的传承；二来是寓教于乐，使学生在潜移默化中得到教育。

（二）课程的定位

1. 个性定位

三句半是我国传统的一种说唱艺术，非常喜庆。在教师的介绍下，孩子们很喜欢，并积极参与其中，对宣传传统文化效果甚佳。

2. 系列定位

"霍山文化——三句半"是我校提篮及校园文化系列校本教材之一，它担负着宣传霍山校园文化、提篮特色文化的职责，渗透行为规范教育，并激发学生身为霍山学子的自豪感。

（三）学情分析

"霍山文化——三句半"这门拓展课程首先要让学生了解三句半是一种怎样的形式及其独特的表演方式，其次要让学生感受到这种传统的曲艺形式的魅力所在，最后让学生学会并表演，旨在传递丰富的文化内涵。

（四）教育价值

育人价值是新基础教育的核心理念，即培养能在当代社会中实现主动、健康发展的一代新人。从生命和基础教育的整体性出发，唤醒教育活动的每一个生命，让每一个生命真正"活"起来。本课程旨在对学生进行艺术审美的熏陶、陈鹤琴"活教育"理念及校园文化的宣传，向人们传递一种历史文化和民族精神，这与我校的创办者陈鹤琴先生倡导的"活教育"理念的目标"做人，做中国人，做现代中国人"有共通之处。

二、 研究目标

1. 培养学生健全健康的人格。

2. 提升学生感受美、欣赏美、创造美的能力。

3. 通过传统文化的熏陶，提升学生核心素养，树立积极的文化自觉和文化自信。

4. 传承中华传统文化与民族精神。

三、 研究内容及框架

（一）内容选取的形式及组织说明

在三句半教材的编写过程中，我们选取与学生生活息息相关的一些事情进行创编，在语言表达上反复推敲，尽量采取一些通俗易懂、朗朗上口的表达方式。该课程内容主要是由四个方面组成：了解三句半、欣赏三句半、学说三句半、创编三句半。其中"学说三句半"是该课程的重点内容，主要包括：学生需要各自背诵自己上台将要讲的台词、分角色、使用锣鼓等打击乐器、动作的配合，目的是让学生能登台表演。"创编三句半"是该课程的提升内容，随着学生对三句半表现形式的熟悉，在熟读历年三句半作品的基础上，教师可带领学生创编、润色三句半作品，增强学生的创造力、语言表达能力。

（二）内容框架

表 5.14-1

单元	单元题目	课序	课文题目	内容要点和目标指向
第一单元	了解三句半	1	了解三句半的韵脚	内容：了解三句半是一种群众喜闻乐见的说唱艺术 目标：初步了解三句半，培养学生学习三句半的兴趣
		2	了解三句半如何进行内容衔接	
		3	了解三句半的风趣幽默等特点	
第二单元	欣赏三句半	4	了解三句半的节奏	内容：让学生欣赏并了解三句半的艺术形式 目标：指导学生学习三句半的特点，体会三句半的表现力
		5	了解三句半的动作要点	
		6	了解三句半在表演时，表演者之间配合要默契	
		7	了解三句半的表演语气	
		8	欣赏三句半的视频	
第三单元	学说三句半	9	各自背诵台词	内容：指导学生如何表演三句半 目标：学生登台表演
		10	分角色	
		11	使用锣鼓等打击乐器	
		12	动作的配合	
		13	登台表演	
第四单元	创编三句半	14	分析三句半的表现形式	内容：以历年艺术节三句半作品为学习内容，指导学生进行模仿。而后结合社会热点，以"四史教育"为主题进行自主创编 目标：学生创编作品
		15	模仿作品，进行创编	
		16	学生交流作品，师生共同修改润色作品（一）	
		17	内化作品形式，学生自主修改	
		18	学生交流作品，师生共同修改润色作品（二）	

四、 教学案例分享

第一课　了解三句半的特点
宋爱萍

（一）教学目标

1. 让学生了解三句半是一种中国民间传统曲艺表演形式，是群众喜闻乐见的说唱艺术。

2. 在欣赏与交流的过程中，了解三句半的曲艺表现方法，学习三句半押韵的方法。

（二）教学重点、难点

重点是三句半的表演形式；难点是说唱艺术。

（三）教学过程

表 5.14-2

过程	教师活动	学生活动	设计意图
引入	1. 观摩三句半表演视频。 2. 师：同学们，视频中的表演形式叫什么？ 3. 揭示题目。	集体欣赏视频。 仔细欣赏台词并回答问题。	用视频这一直观方式使学生对三句半这一传统曲艺形式产生兴趣。
新授	1. 欣赏视频中台词，发现三句半台词的艺术特点。 2. 讨论三句半的艺术表现方法。 3. 教师强调押韵使三句半朗朗上口。	了解三句半台词的艺术表现方法。 比较三句半台词押韵与不押韵产生的不同效果。 总结三句半台词的朗朗上口是运用了押韵的方法。	让学生清楚了解三句半的基本形态。 感悟中国传统艺术形式的魅力。
活动过程	1. 教师播放三句半表演视频。讨论：视频中三句半的表演形式是怎样的？ 2. 讨论：三句半的艺术特点是怎样的？ 3. 教师指导。	选择自己喜欢的片断、句子进行交流。 思考这些富有表现力的部分具有什么艺术特点。 进行学习。	感受三句半带来的艺术享受。

续表

过程	教师活动	学生活动	设计意图
评价与小结	1. 对学生发现的艺术特点及时做出评价。 2. 请各自发表个人感悟心得。 3. 请大家进行相互评价。 内容：①表演形式；②艺术特点；③押韵方法。 4. 肯定学生的表现，使其树立说好三句半的信心。	讨论如何用三句半这种艺术形式宣传霍山学校的行为规范与文化。 根据评价标准对学生的发言进行评定。	集体评选。 培养学生的评价能力。

第二课　观赏三句半
宋爱萍

（一）教学目标

观摩三句半的表演视频，学生揣摩、学习三句半的表演技巧。

（二）教学重点、难点

重点是三句半的表演技巧；难点是揣摩三句半的表演技巧。

（三）教学过程

表 5.14-3

过程	教师活动	学生活动	设计意图
引入	1. 导入新课： 师：同学们，这节课老师将让大家看视频，揣摩三句半的表演技巧。 2. 揭示题目。	集体欣赏视频。	激发学生的学习兴趣。
新授	观摩视频《欢庆六一》。 师：觉得谁的表演最出彩？	集体欣赏视频。 小组合作学习，讨论交流。	学习三句半的表演技巧。 感悟中国传统艺术形式的魅力。
活动过程	观摩视频《夸夸我们班》。师：你觉得他们是如何配合表演三句半的？	选择自己喜欢的片断，学生讨论三句半的表演技巧。 教师进行总结。	揣摩三句半的表演技巧，以便学生模仿。

续表

过程	教师活动	学生活动	设计意图
评价与小结	1. 对学生发现的表演技巧及时做出评价。 2. 请大家进行相互评价： ① 表演技巧； ② 相互配合。 3. 肯定学生的发现，要求学生加以学习。	总结三句半的表演技巧。 根据标准对学生的感悟进行评价。	集体评选。 培养学生的评价能力。

第三课　学说三句半
宋爱萍

（一）教学目标

1. 知道说好三句半的语言要求。

2. 知道三句半的创作要点。

（二）教学重点、难点

重点是三句半的语言要求；难点是三句半的创作要点。

（三）教学过程

表 5.14-4

过程	教师活动	学生活动	设计意图
引入	1. 观摩视频，导入新课。 师：同学们，视频中三句半的语言要求是怎样的？ 2. 揭示项目。	集体欣赏视频。 三句半台词的语言要求是怎样的？	引导学生探究三句半台词的语言要求。
新授	1. 三句半的语言要求是怎样的？ 师：三句半不仅要押韵，而且要求很严。三句半不仅要押韵，而且要同调，这样观众听起来才会感到和谐悦耳。 2. 你知道三句半台词间是怎样衔接的吗？ 师：（出示）三句半内容衔接有讲究，语言先过关活泼加幽默，半句是关键主题不能少，构思有事件各段应有辙，表演节奏感画龙要点睛，上下巧连贯每句不宜长，力求短精练通俗易明白。	了解三句半台词的艺术表现方法。 比较三句半台词押韵与不押韵产生的不同效果。 总结三句半台词的朗朗上口是运用了押韵的方法。	让学生清楚了解三句半的基本形态。 感悟中国传统艺术形式的魅力。

过程	教师活动	学生活动	设计意图
活动过程	1. 教师播放三句半表演视频。讨论：视频中三句半的表演形式是怎样的？ 2. 三句半的语言要求是怎样的？ 3. 三句半台词间是怎样衔接的？	选择自己喜欢的片断，体会三句半的语言要求。 体会三句半台词间衔接的特点。 进行学习。	感受三句半带来的艺术享受。
评价与小结	1. 对学生发现的艺术特点及时做出评价。 2. 请各自发表个人感悟心得。 3. 请大家进行相互评价：内容：①表演形式；②艺术特点；③押韵方法。 4. 肯定学生的表现，使其树立说好三句半的信心。	总结三句半台词的创作要点。 根据标准对学生的感悟进行评价。	集体评选。培养学生的评价能力。

创编三句半

——以霍山学校艺术节为主题

金津之

（一）教学目标

1. 朗读历年以"艺术节"为主题的三句半作品。

2. 分析作品的写作形式和内容构成。

3. 仿照历年"艺术节"的三句半作品，学生创编相关内容。

4. 师生交流创编内容。

（二）教学重点、难点

1. 重点是分析作品的写作形式和内容构成。

2. 难点是仿照历年"艺术节"的三句半作品，学生创编相关内容。

（三）教学准备

历年"艺术节"三句半作品。

（四）教学过程

表 5.14-5

过程	教师活动	学生活动	设计意图
引入	出示历年"艺术节"主题三句半作品，让学生朗读、默读。	学生朗读、默读历年"艺术节"三句半作品。	让学生感受以"艺术节"为主题的三句半作品在形式、内容上的特点。
活动过程	引导学生观察、分析、总结"艺术节"三句半的语言形式、内容构成。	1. 朗读自己喜欢的"艺术节"三句半作品或某个段落，和大家交流喜欢的理由。并说说朗读的内容是什么。 2. 观察并说说"艺术节"三句半的语言形式、内容构成。 3. 写下自己的分析。 4. 仿照历年"艺术节"的三句半作品，自己创编相关内容。完成学习单（一）。（见附一）	调动学生的语感和观察能力，锻炼学生的口语表达能力和文字表达能力。
评价与小结	1. 教师及时肯定学生的独特观察与分析。 2. 学生互评这节课上的表现。	根据标准评价同学的课堂表现。	集体评选。 培养学生的评价能力。

创编三句半

——以"学习'四史'精神，争当新时代好少年"为主题

金津之

（一）教学目标

1. 知晓"四史"精神。

2. 以"学习'四史'精神，争当新时代好少年"为主题创编相关内容。

3. 师生交流创编内容。

（二）教学重点、难点

以"学习'四史'精神，争当新时代好少年"为主题创编相关内容。

（三）教学过程

表 5.14-6

过程	教师活动	学生活动	设计意图
引入	1. 师：什么是"四史"精神？ 2. 师：新时代好少年要怎么当？	学生回答、交流。	让学生了解"四史"精神，并将重点落在如何当好新时代好少年。
活动过程	师生交流，润色作品。	1. 思考自己将要创编的内容可从哪些方面入手。 2. 写一写：将自己的想法按照三句半的写作形式写一段内容。 3. 完成学习单（二）。（见附二）	锻炼学生的口语表达能力和文字表达能力。
评价与小结	1. 教师及时肯定学生的表达。 2. 学生互评这节课上的表现。	根据标准评价同学的课堂表现。	集体评选。 培养学生的评价能力。

附一

"三句半"学习单（一）

姓名：_____　　　　班级：_____

一、学习任务：

1. 朗读历年以"艺术节"为主题的三句半作品。

2. 分析作品的写作形式和内容构成。

3. 仿照历年"艺术节"的三句半作品，自己创编相关内容。

4. 师生交流创编内容。

二、学习过程：

1. 自读你喜欢的"艺术节"三句半作品。

2. 将你喜欢的"艺术节"三句半作品读给大家听。

3. 写一写三句半作品的写作形式。并交流。

4. 写一写"艺术节"三句半作品的内容构成。并交流。

附二

"三句半"学习单（二）

姓名：＿＿＿＿＿　　　班级：＿＿＿＿＿

一、学习任务：

以"学习'四史'精神，争当新时代好少年"为主题创编相关内容。

二、学习过程：

1. 思考自己将要创编的内容可从哪些方面入手。

2. 写一写：将自己的想法按照三句半的写作形式，写一段内容。

3. 师生交流，润色作品。记录你的学习收获。

五、 课程评价

新增表演范围的选项和表演感悟的撰写，从学生学习"三句半"后，对家庭成员的分享，在学校或社区中的表演、推广这种文化表现形式来考量。注重学生参与后的获得感、成就感，增强自信，塑造学生健康人格和良好的心理品质。

（一）评价的原则

1. 激励性原则

通过评价去肯定学生的点滴进步，激发他们的学习热情，让学生感受参与的快乐，获得成功的体验。

2. 多元化原则

评价的内容是多元的，注重评价学生在课程中的学习态度、学习能力，也关注他们的学习效果。

3. 师生共评的原则

学生不仅仅是课程的被评价对象，也是评价活动的积极参与者。教师的评价要做到多角度，力求给每个学生以客观的、公正的评价。

（二）评价的方式

1. 教师即时评价

在学习过程中，老师要对学生予以口头评价，便于学生及时纠正错误。

2. 学生相互评价

引导学生互相评价，利于学生合作能力的培养。

3. 利用评价表评价

促进学生的发展，体现学生的成长（见表5.14-7）。

表 5.14-7   三句半组评价量表

评价项目	评价内容	自评			互评		
		优良	合格	须努力	优良	合格	须努力
学习态度	对活动感兴趣，能主动投入						
	乐于合作，充满自信						
学习能力	善于学习，善于沟通						
	完成活动要求的实践活动						
学习效果	表演的节奏正确						
	语言富有表现力						
	能主动配合其他小伙伴的表演						
表演范围	班级（ ）年级（ ）学校（ ）家庭（ ） 社区（ ）市区（ ）						
表演感悟							

六、总结反思

（一）斟字酌句——提高学生语言表达能力

教学初始，请同学们朗读三句半作品集。从朗读中感受三句半的格式特点、朗朗上口的音韵和朴实生动的内容。以往学生更多的是背诵老师创编的作品，如今学生在老师的引导下发现、归纳三句半的格式特点。当学生获得初步的体验感后，师生选择以往"艺术节"为主题的作品进行模仿创编。采用学生小组互助互学互帮的形式，集思广益定下"艺术节"三句半的大致框架：时间背景、校园布置及氛围、一年中国家及校园内发生的大事、对新年的愿景。学生能写出一些符合今年艺术节主题的语句，如"爆竹声中迎新年，牛气冲天抗疫情，三句半组再上台，给点掌声好不好，谢谢您""新冠病毒一袭来，医护战士顶一线，医护人员像天使，战病魔"。其创作内容积极向上，有利于学生健康的身心发展。

在学生创作的基础上，师生共同打磨语句，比如多位学生认为"回顾建国的历程"这句表述奇怪。经过多次朗读后，学生指出"的"字的位置应该读重音，但将"的"字重读影响语句的气势。大家一番讨论后，将此句修改为"回顾祖国建国史"。学生在创编"争当新时代好少年"的三句半作品时，写了如下语句"课间走廊不奔跑，同学交流不喧哗，见到老师要问好，好习惯"。学生交流时认为将"喧哗"改为"喧闹"更好，在不改变句子意思的前提下，使得三处语句的结尾"跑""闹""好"押韵。学生受朗读过的作品影响，在创编时潜移默化地尽量使字句押韵。

学生在三句半的课堂中，品读字词调动了他们的语感，使他们注意到了重读、停顿和押韵，师生沟通和书面创作锻炼了他们的语言表达能力。

（二）以走向阳光——帮助学生打开心扉，融入集体

宋爱萍老师班上有一名随班就读的学生——成同学，他有智力障碍，性格又内向，从小不善表达，在陌生环境中或遇到不熟悉的人就更容易紧张，不和别人讲话，老师和他交流，他只是以笑作答。宋老师注意到成同学观看同学们表演三句半时表现出极大的兴趣。

宋老师抓住这个契机，首先向成同学表达老师们和同学们对他一直以来的关心，其后宋老师了解他学三句半的意向及困难（记不住台词怕说错，因胆子小而不敢跟随大家表演），对他进行心理疏导。随后成同学参与拓展课，每次宋老师都给他提前布置简单的背诵任务，利用空余时间先教他读，再鼓励他读给同学、老师、家长听，渐渐地成同学开口说话的次数多了。在每次排练时，同学们都会不厌其烦地带着成同学做动作，宋老师则在课后肯定成同学进步的地方。在一次登台表演中，背台词、转圈、做动作，成同学都做得有模有样，在队伍中没有丝毫的破绽。表演结束了，场下掌声雷动，成同学笑逐颜开。

从此，三句半的表演成同学一场也没有落下过。三句半的表演拉近了他与同学的距离，同学们都接纳了他。他和老师的沟通不再是简单笑笑了，有时他愿意和老师闲聊几句。老师总是肯定他的付出，鼓励他积极参与活动。三句半表演渐渐改变了他内向的性格，他的笑声也变得爽朗了，阳光洒进了他的心房。

（三）项目的顺利实施，离不开学校的支持

此项目开展以来，得到了学校领导的大力支持和切实帮助。校长担任此次项目的领衔人。为了将项目研究落到实处，我们定期召开专题会议，项目组成员们共同听取专家指导，并及时研讨，改善项目推行的措施，使得此项

目能在这一年内顺利开展。

1. "霍山文化——三句半" 拓展课程主要以课堂教学形式实施，每周一课时。在课堂教学中注重趣味性、参与性、合作性原则，通过了解、欣赏、学说、创编三句半等活动形式展开教学。

2. 将课程实施与学生的生活实际相结合，借助生动活泼的形式展现学生的个性特点，并提高学生的合作能力。

3. 促使教师建立课程意识，更新知识结构，改变教学方式，开放课程资源。

附：

项目研究前期问卷调查表

班级：_____   姓名：_____

说明：该次调查目的是为了解学生对三句半这种传统曲艺形式的兴趣情况，以便今后有针对性地进行研究工作。

1. 你了解三句半这种表演形式吗？（   ）

A. 了解   B. 有一点儿了解   C. 不了解

2. 你在哪里看到过三句半表演？（   ）

A. 电视节目   B. 剧场   C. 影视剧   D. 没看到过

3. 你知道三句半表演需要哪些道具？（   ）

A. 鼓   B. 锣   C. 铙钹（镲）   D. 不知道

4. 学校的三句半表演社团，你（   ）

A. 非常想参加   B. 想参加   C. 不想参加   D. 随便

5. 你参加过学校三句半社团的表演吗？（   ）

A. 一次   B. 两次   C. 多次   D. 一次也没有

6. 如果你是学校的三句半社团成员，学校有重大任务需要你参加，但因为临近期末考试，学习压力比较大，你选择（   ）。

A. 退出社团   B. 继续参加社团演出

C. 服从老师安排   D. 只想参加社团表演

7. 你对现在使用的三句半校本材料有何看法？（   ）

A. 好，认同   B. 教材有待改进

8. 你喜欢参加三句半社团吗？为什么？

_____

_____

9. 你想创编哪些内容呢？

_____

_____

参考文献

［1］［美］Kathleen Montgomery 著.国家基础教育课程改革"促进教师发展与学生成长的评价研究"项目组译.真实性评价［M］.北京：中国轻工业出版社，2005.

［2］安德森著.学习、教学和评估的分类学［M］.上海：华东师大出版社，2007.

［3］陈建虹.论综合实践活动教学资源的整合［J］.吉林教育，2014(23):25.

［4］陈扬光著.课程论与课程编制［M］.福州：福建人民出版社，2001.

［5］创新教育方式：上海学子依地图访犹太人避难点，上海青年报（微博）:https://sh.qq.com/a/20151111/029012.htm.

［6］崔允漷.校本课程开发：理论与实践［M］.北京：教育科学出版社，2001.

［7］崔允漷.校本课程开发：上海经验［M］.上海：华东师范大学出版社，2011.

［8］崔允漷主编.有效教学［M］.上海：华东师范大学出版社，2009.

［9］代道强.初中综合实践活动常态实施策略［J］.教师教育与管理，2006(11):36—37.

［10］杜俊民.试论学科与跨学科的统一［J］.科学技术与辩证法，2000，17(4):56—59.

［11］杜威.学校与社会—明日之学校［M］.北京：人民教育出版社，1994.

［12］段兆兵.综合实践活动重在有效实施［J］.课程与教学，2015（1）：12—14.

［13］高春梅.论跨学科研究的时代特征与现实趋向［J］.上西师大学报.社会科学版，1996，23（4）：22—24.

［14］高云庆.校本课程开发：理念与框架［J］.兰州大学学报，2002（3）：163—168.

［15］国务院关于基础教育改革与发展的决定［N］.中国教育报.2001-7-27（2）.

［16］郝峰，谭珮.跨学科项目式学习的设计与实践［J］.河南教育.基础版，2019（7—8）：28—29.

［17］何银.地域文化视野中的校本课程开发综述［J］.全球教育展望，2007（11）：49—52.

［18］吉兆麟.陈鹤琴“活教育”的思想理念及其现实意义，南通师范大学学报.哲学社会科学版，2006，16（2）：110—112.

［19］蒋亚芝.校本课程开发策略研究［J］.教师，2012（14）：28.

［20］教育部.中共教育部党组　共青团中央关于在各级各类学校推动培育和践行社会主义核心价值观长效机制建设的意见，教育部门户网站，MOE.GOV.CN（http://www.moe.edu.cn/publicfiles/business/htmlfiles/moe/s7060/201411/177847.html）.

［21］黎敏成.校本课程开发过程论——以我校校本课程开发为例［J］.教育科研论坛，2009（1）：6—7.

［22］黎敏成.校本课程开发过程论——以我校校本课程开发为例［J］.教育科研论坛，2009（1）：6—7.

［23］李自维.积极心理学视野下的学生思想教育探析［J］.重庆工商大学学报（社会科学版），2009（4）：158—160.

［24］廖先亮编著.综合实践活动课程的理论与方法［M］.武汉：武汉大学出版社，2003.

［25］刘良华.校本行动研究［M］.成都：四川教育出版社，2002.

［26］刘旭东.校本课程的理念与实施［M］.北京：首都师范大学出版社，2003.

［27］刘勇.学生综合素质评价方式改革的理性思考［J］.教学与管理，2013（3）：74—76.

［28］马伟彬，苗培周.学生综合素质评价改革的进展、问题与建议［J］.现代中小学教育，2009(9)：76—79.

［29］钱英.基于跨学科的青少年综合实践活动的开展研究［J］.教育论坛，2009(33)：156.

［30］秦麟征.跨学科研究的未来［J］.国外社会科学，1996(1)：21—26.

［31］如何将社会主义核心价值观融入国民教育，光明日报 _ 光明网(http://epaper.gmw.cn/gmrb/html/2014-10/09/nw.D110000gmrb_20141009_3-16.htm).

［32］上海市教委教研室编.初中探究型课程导师指导手册［M］.上海：上海科技教育出版社，2002.

［33］孙萍，朱桂龙，赵荣举.跨学科研究发展状况评估体系初探［J］.中国科技论坛，2001(1)：35—38.

［34］王承清，崔立中.积极心理学对大学生心理健康教育的启示［J］.扬州大学学报（高教研究版），2008(1)：31—34.

［35］王倩.研究型教学的教与学［D］.华中师范大学（硕士学位论文），2015.

［36］王兴成.跨学科研究在中国：历程和启示［J］.1995，13(2)：1—6.

［37］王月芬.今天学校如何面对跨学科课程与学科课程［J］.上海教育，2018(4)：6.

［38］魏志春.校长视野中的政府教育管理职能转变［M］.北京：北京大学出版社，2011.

［39］吴钢.现代教育评价基础［M］.上海：学林出版社，2004.

［40］吴忆军."跨学科整合"的生命教育实践研究［J］.华夏教师，2020(3)上：85—86.

［41］新课程实施过程在培训问题研究课题组.新课程与学习方式的变革.基础教育课程改革通识培训丛书［M］.北京：北京师范大学出版社，2002.

［42］杨红.浅谈如何提高初中综合实践活动课堂教学有效性［J］.现代教育教学探索，2004(6)：165—166.

［43］叶云霞.初中数学综合实践活动的实践与反思［J］.华夏教师，2012(12)：93.

［44］于维涛.中小学深度、跨学科、价值教学案例研究［J］.中国教师，

2017(10):24—28.

[45] 袁妙丽.指导教师：钱源伟.海派文化校本课程开发研究——以上海市 Y 小学为例[D].上海师范大学（硕士学位论文）2012(4).

[46] 张海燕.美国中小学跨学科课程研究 [D]. 华东师范大学（硕士学位论文），2005.

[47] 张华.课程与教学整合论[J].上海：教育研究，2000(2):52—58.

[48] 张华.论理解本位跨学科学习[J]. 基础教育课程，2018(11) 下：7—13.

[49] 张明根.交叉学科、跨学科研究及其启示[J]. 国际关系学院学报，1994(1):24—32.

[50] 张庆守.深化新课程改革　提升学生综合素质[J].丽水学院学报，2008(1):98—101.

[51] 张锡忠.论跨学科综合研究及其管理[J]. 科学与管理，1997，17(4):58.

[52] 赵静.综合实践活动中学生兴趣的养成[J]. 课堂教学与研究，2018(10)

[53] 赵文平.生成性课程：一种基于生成性思维的课程形态[J].全球教育展望，2007(12):18—24.

[54] 郑海燕.跨学科研究的前提和过程[J]. 国外社会科学，1994(2):69—74.

[55] 中村信夫著.多学科综合研究——创造的源泉[J]. 郝勇，译.世界研究与开发报告，1987(8):10—17.

[56] 钟启泉.为了中华民族的复兴　为了每位学生的发展[M].上海：华东师范大社，2001.

[57] 钟毅萍.课程剪裁：智慧型课程的实践策略[J].深度视点，2007.

[58] 周书贤.校本课程开发的实践研究[J].小学教学参考，2006(30):16—17.

[59] 朱桂龙、毛家杰、杨永福.刍议跨学科研究的界定[J].科学研究，1998，16(3):13—16.

[60] 庄越.统整课程资源　规范课程框架　构建课程文化——上海市建平世纪中学课程建设之探索[J].新课程（综合版），2008(3):25—27.